U0077080

青年的心理健康

黃堅厚博士　著

作 者 簡 介

黃 堅 厚

湖南長沙人

學歷：國立中央大學理學士

　　　美國哥倫比亞大學文學碩士

　　　英國格拉斯哥大學哲學博士

經歷：國立台灣師範大學教授、教育心理學系系主任、

　　　教務長、教育學院院長

寫在卷首

　　說起「心理衛生」四個字，一般人總是會立刻聯想到「心理不健康」或甚至於「心理疾病」上去；同時也常認爲心理衛生的書籍和文章，都是寫給不健康的人看的，這個想法，就是在中小學的教師以及學生家長中，都頗爲普遍。但是這却是一個不正確的觀念。

　　衛生工作，包括消極的和積極的兩方面，疾病的發現和處理固然是衛生工作中重要的一部分，但是那是它消極的一方面；僅祇做好那一部分工作是不夠的。衛生工作積極的一面是從疾病的預防到國民健康的增進，這是遠比治病更爲重要的工作，因爲這方面的工作若做得完善，若干疾病的發生率可以降低，甚或完全根絕，不特治疾的工作可因而減輕，而國民健康的情況也將爲之增進，在我國瘧疾防治的工作做得相當有成績，所以在近年中幾乎沒有發生過瘧疾的病例，使我國在這方面的衛生工作受到國際間的重視。同時國人也不再受那種疾病的侵擾。這是千百種衛生工作的一個例子，其他如學童營養午餐的設置，使學童的身高體重情形有所增進；環境衛生的改善，使一般國民健康情況得以提高；都已有了顯著成果。這些工作的重要性，想是毋庸再加說明的了。

　　心理衛生工作也是如此，心理疾病以及不良適應行爲的治療和處理，是其消極的一方面。那的確也是很重要的工作，但是更重要的工

作，乃是在如何防止不良適應行為的產生，和如何增進國民的心理健康。這一部分工作，不是以已經有病或已有不良適應行為的人為對象，而是以一般人，以每一個健康的人為對象的。

　　筆者常被邀請到各級學校裡去，和教師及學生家長們研討有關學校心理衛生的工作。每一次總有教師提出很多個別學生行為適應的問題。筆者在就那些個案資料提供了些建議之後，常要花一些時間來說明「個案研究和處理」不是心理衛生的重心。各級學校所當努力的，是應當在教學和訓導方面去求改善，以降低學生因學校生活而引起的焦慮和緊張，進而求增進他們的心理健康。

　　青年期是一向被人重視的，一方面是因為青年乃是國家民族來日希望之所繫，他們的身心發展已漸趨於成熟，立即將要接替着上一代，來承擔社會中的各樣工作。另一方面則是由於青年們需要對學校、家庭、以及社會環境作適度的適應，時常會遭遇到一些挫折和困擾，以致有人稱青年期為發展過程中的「風暴時期」。近年來更因工業社會中生活方式和價值觀念的急劇變化，西方社會中的青年們，有了「迷失」之感，更顯示其在適應上遇有困難。我們自不能稱那些青年為不正常或「病態」，但是「迷失」總不能算是健康的現象，是應當設法予以消除的。

　　筆者三十年來，都是和青年們生活在一起；經常也和他們談論到一些青年期中生活適應的各種問題。其中一些似乎是具有普遍性的，是很多人都希望能多有所瞭解的問題。因行政院青年輔導委員會的約請，所以極願將個人對那些問題的看法，寫成短文，編為一輯，提供一般青年朋友們參考；希望能對於他們的心理健康，多少有些裨益。

　　在撰寫這些短文的時候，筆者曾隨時提醒自己，謹守兩項原則：第一是說話要有依據，雖然這些短文和學術性論文的性質不盡相同，但是「胡說」終屬罪過。因此在不過分影響文字的流暢性時，筆者總是將立論的依據寫下來。第二項原則是儘可能避免用專門名詞和術語，因為這是一本給一般青年閱讀的書，也希望他們樂于讀它，筆者曾

努力免除大家不大熟悉的名詞和艱深的句子。不過由于個人語文應用能力所限，有些地方仍未能盡如理想。

在一本小冊子裡，自然無法對青年期中所有的問題都能論及；個人有限的知識，也不容許筆者那麼做。現在祇就和心理健康有密切關係的一些事項，試作簡明平易的討論。爲了敍述的方便，將各個問題分節敍述。但這並不表示那些問題是相互獨立的；相反地，它們之間都互有關連，互有影響。比如一個人若能對自己有正確的認識，能悅納自己，他便可以撤除若干心理上防衛性的工事，而因之能增進其與他人的關係。而在另一方面，由於對自己的認識，乃將使人知道自己適合于何種工作，知道如何去運用自己的能力，去謀求最大的成就，轉而可以從工作裡獲得最大的滿足。

現在我們已進入太空時代，科學研究，日進千里；新的知識，時在增加。作爲現代的青年，必須有健全的身心，以期能聰明地、合理地運用那些知識，爲自己，也爲這世界帶來幸福與快樂。

青年的心理健康

1

心理健康的標準

　　一九〇八年美國耶魯大學學生皮爾斯氏（Clifford Beers ）將他自己患躁鬱症和住精神病醫院三年的親身經驗，寫成了一本舉世聞名的書——「我尋回了自己」（A Mind that Found Itself）；同時也爲世界性的心理衞生運動，揭開了序幕。六十多年以來，這個致力于增進人類心理健康的運動和工作，獲得了各國社會的重視與支持。我國的心理學、精神醫學、以及教育學等各界的專家們，早在四十年以前，也開始努力推動這方面的工作；但直到近十年以來，才引起了一般社會的廣泛注意。目前，有關心理衞生的論文書籍，日漸增加；一般家長和教師，在重視兒童的課業和生理健康之後，也漸能對兒童的行爲和心理健康，加以注意，應該說是個十分可喜的現象。

　　心理衞生工作之目的，在培養和增進個人與社會的心理健康。至於何謂心理健康？怎樣才算是心理健康的人？乃是一般人所關心的問題。若干學者曾對此有所說明：例如英格歷士氏（H.B. English)對心理健康所作定義爲：「心理健康是指一種持續的心理情況，當事者在那種情況下能作艮好適應，具有生命的活力，而能充分發展其身心的潛能；這乃是一種積極的豐富的情況。不僅是免于心理疾病而已。」精神醫學者麥靈格式（Karl Menninger）則謂：「心理健康是指人們對於環境及相互間具有最高效率及快樂的適應情況。不祇是要有

1

效率，也不祇是要能有滿足之感，或是能愉快地接受生活的規範，而是需要三者俱備。心理健康的人應能保持平靜的情緒，敏銳的智能，適于社會環境的行為，和愉快的氣質」社會工作者波孟氏（W. W. Boehm）說的比較簡單：「心理健康就是合乎某一水準的社會行為：一方面能為社會所接受，另一方面能為本身帶來快樂」。相反地馬斯樂氏（A. H. Maslow）對心理健康的界說，比較詳盡，同時分條列舉，看來頗為清晰。馬氏所認為健康的人應具備的品質為：

　　(1)對現實具有有效率的知覺；

　　(2)具有自發而不流俗的思想；

　　(3)能悅納其本身，悅納他人，接受自然；

　　(4)在其環境中能保持獨立，能欣賞寧靜；

　　(5)注意基本的哲學和道德的理論；

　　(6)對於平常的事物，如朝旭夕陽，甚至每天的例行工作，能經常保持興趣；能分辨工作的歷程與結果，對兩者都能欣賞。

　　(7)能和少數人建立深厚的友情，並有樂于助人的熱心。

　　(8)具有真正的民主態度，創造性的觀念和幽默感。

　　(9)能承受歡樂與憂傷的經驗。

　　上述這些意見固都十分正確；但似乎略嫌空泛，不能給予人們一個明確的印象，筆者認為在給心理健康作一界說時，必須要能為一般人所瞭解；在可能的範圍之內：愈具體愈好，以免含糊不清，使人無從把握它的究竟。同時「界說」不宜予人以「過於理想，高不可及」的印象，特別是在我們要推動心理衛生工作之際，應能使家長、教師以及一般人知道何者是我們所當努力的目標；使正在成長中的青年們知道該朝什麼方向去發展。因為健康並不是指某一個固定的狀態，而應將它看成富有伸縮性的情況。免於疾病固然是可喜的現象；但若更加努力，當可使個體更臻健康。心理衛生工作的目的，並不是使所有的人都變成同一個樣子，而是要使每個人依照他自己的情況，獲得充分的發展，走上健康之路。

　　給「健康」一詞作界說，還有一點應當注意的：就是在正常的情況下，每個人都頗爲注意自己的健康，都希望知道自己健康情況。雜誌報章上討論健康或疾病的文字，總是很能吸引讀者的；若是文中提到了什麼標準或是某些疾病的徵兆，人們都免不了要拿來和自己的情況比較一下，看看自己是否符合某些標準。因之在爲「健康」作界說時，最重要的是當避免給予人們一些消極的暗示；不致使人在讀到那個界說，將自己和所謂「標準」相比較後，就把自己看成「病人」了。

　　根據上述的原則，筆者願意就個人探究理論和臨床觀察所得，舉出下列四項；我認爲凡屬心理健康的人，多應能符合這幾項條件。

　　㈠**心理健康的人是有工作的；而且他能把他本身的智慧和能力，從其工作中發揮出來，以獲取成就；同時他常能從工作中得到滿足之感，因之他通常是樂于工作的。**

　　本項條件的重要性是頗爲顯見的。在今日一般文明進步的社會裡，除了少數人是因有身體或心理的障礙，因而得免于工作以外，每個人都是要從事於一項工作的。或勞心，或勞力；或係爲自己解決生活問題，或是爲服務人羣與社會；工作的性質和其社會地位固會彼此不同，但每個人總是在做一件事：有其目的，有其預期的成果。一般社會希望一個人有工作，在做些事情；而不希望他游手好閒，終日無所事。如是很自然地，有無工作也就成了衡量人的標準之一。大家都會去找一項適合于自己的工作。

　　不過健康的人不祇會有工作，而且應能將其智慧與能力，有效率地運用到工作裡去，以達成某項結果。換句話說：他能將自己的智慧和能力，從工作中表現出來。因之在同一樣的情況下，智慧能力優異的人，往往能有比較卓越的成就。不過也有很多例外的情形：筆者在倫敦泰氏精神醫學研究所中，曾遇見一位患有變態恐怖症的女性，她是受過專業訓練的護士。按其學歷和工作經歷，原可獲得一個重要職

位；但因她對地下火車懷有恐懼之心，每次走入地道後，就感到緊張
不安，呼吸迫促，血壓上升，必須立刻退出，始可恢復平靜。如是她
乃不能利用英倫最便利的交通工具，到較遠的地方去工作；而只能在
其住所附近，可以用自行車到達的區域內求職，偏巧該區內沒有規模
較大的醫療機構，使她不得不降格以求，接受較低的職位和薪金。其
所有的專門知識與訓練，大部分乃無用武之地。心理不健康的人常有
若干不必要的懷疑與恐懼，使她經常陷入緊張情況之下，而不能把全
部精神和注意，放在工作之上；其效率自將降低，不能和其原有的知
識能力相稱了。筆者又知某君，曾在國外留學多年，他在科學研究方
面的成績，曾極受人重視，大家都認為他必將有輝煌的成就。不料他
中途忽患精神分裂症，返國後輾轉就醫，未獲完全復原。他雖具有極
精湛的學識，却始終沒有能一展長才。他那不健全的心理狀態，使他
無法把自己的學識才能，運用到工作上去。所以個體身心功能之不能
發揮，不能在工作上表現出來，就顯示必有阻礙，而為不健康的徵兆
。

　　心理健康的人則不如此。他們雖然智愚敏拙不盡一致，但因為沒
有不必要的情緒障礙，都能適度地把自己的學識能力施展出來，而在
工作上獲得些成就；這些成就將為他們帶來滿足，轉而又增加了他們
對工作的興趣。因此他們通常是樂於工作，而不會把它看成負擔或痛
苦。

　　㈡心理健康的人是有朋友的。他樂於與人交往，而且常能和他人建
　　立良好的關係；他在與人相處時，正面的態度（如尊敬、信任、
　　喜悅等）常多於反面的態度（如仇恨、嫉妬、懷疑、畏懼、憎惡
　　等）。
　　　人類是社會動物，與人交往和羣居生活，乃是全人類共有的現象
。這種羣居的行為，雖然沒有生理驅力為基礎，却是極重要的動機。
換句話說：一般人會有很強烈的傾向去和旁人交往或建立關係；當此

項動機的實現受到阻礙時，就將引起不安或焦慮的反應。這種動機的產生，可能是和人類個體發展的過程有密切關聯的。嬰兒初生時，不能自存，必須仰賴其父母或其他成人所養育，始可免于凍餓。當其體內因缺少食物而發生不愉快甚至痛苦的刺激時，初生嬰兒本身只會表現啼哭及肢體亂動的反應，別無能有何作為去消除那些不愉快的刺激。此時幸有母親（或其他成人）在旁，哺以乳汁，飢餓狀態乃告終止。對嬰兒來說，那是一種愉快的滿足的經驗。這項經驗一再重複，如是母親的出現和飢餓狀態的解除就構成了相聯的關係，母親的形象也就成了一個愉快的刺激。同樣地嬰兒環境中的其他人們通常也都會對嬰兒給予些照顧的；或予以食物，或是抱撫他，也常都是些愉快滿足的經驗。因之在嬰兒的經驗中，有人在旁邊就可使他免于痛苦，取得安適與滿足，所以很自然地「人」就成為了安全的符號。如是只要有人在身旁，自己受到了別人的注意，兒童就會感到安全。嬰兒期這段經驗是人們所共有的，所以在一般情形之下，人們都是趨向於羣居，希望和別人交往。

　　由於滿足的經驗是與他人的存在相關聯，兒童之不喜歡孤獨乃是易於了解的現象。通常兒童到了兩歲左右，具有獨自行走和說話的能力時，他就不會喜歡單獨活動，而會願意和別的兒童一道遊戲，他會覺得和大家在一塊玩比獨自遊戲要有趣些。事實上成年人亦復如此。一般社會性的需求，如「受人重視」及「有所隸屬」等，都是只有在與人交往的情況下才能獲得滿足的，反過來孤獨的情況每能引起不安全之感。因之一般人總是喜歡和人交往，並且願意努力保持與他人之間的良好關係。

　　兒童從幼年時期，就在學習如何與人交往，怎樣和別人建立並保持良好的關係，在健全的發展過程中他逐漸學會以誠懇、公平、謙虛、寬厚的態度對待別人，學會了尊重別人的權益和意見，也學會了容忍別人的短處和缺失；使別人樂於和他交往。在他的眼中，多數人是良善的，可與為友的。在沒有客觀的事實為依據時，他不輕易對人表

現忿怒或怨恨的態度。這乃是健康和成熟的符號。自然每個人都不免
會有他所不喜悅、甚至厭憎的對象；但若他認爲世界上所有的人都非
良善，或是覺得世人都在與自己爲敵，那麼他的心理健康就可能有問
題了。

㈢**心理健康的人對於他本身應有適當的瞭解，並進而能有悅納自己
的態度。他願意努力發展其身心的潛能；對于無法補救的缺陷，
也能安然接受，而不作無謂的怨尤。**

一個人生活在某種環境之中，經常要使自己能夠和環境相適應。
這時他對自身的瞭解是十分重要的。試想一個人在走向室門時，看見
門楣的高低，就應能知道自己是否該低頭進門；再如他在走向座椅，
看見椅子的結構，就應能判斷它是否能支持自己的身體。換句話說：
他應該對自己的身高體重有相當正確的印象，才能在日常行坐時順利
適應，而不致發生困難。由此推論：一個人應能對於自己的各方面有
頗爲明確的瞭解，方可能在整個生活的適應上，獲致滿意的結果。心
理學者一個人對于自己各方面主觀的印象，稱之爲「我觀」（ self
concept ）；正確的我觀，乃是心理健康的一個條件。查多科夫氏（
B. Chodorkof ）曾以實驗方法研究我觀和知覺防衞現象及行爲適應
的關係，所得結論可歸納爲三點：⑴凡是被試的「我觀」和他本身實
際情況愈相接近的，他所表現的知覺防衞現象愈少；⑵凡是被試的「
我觀」和本身實際情況愈接近的，他的行爲適應也愈良好；⑶凡被試
的行爲適應愈良好的，他所表現的知覺防衞現象也愈少。這正說明了
正確的我觀和行爲適應的關係。

人們不但要能瞭解自己，而且要能適當的悅納自己。說得清楚一
點，就是要能不討厭自己，不以自己爲羞；也就是說應沒有顯著的自
卑之感。具有自卑感的人常有緊張和不安的心理。他一方面躭心自己
不夠完美而不爲別人所重視，同時又有內疚之心。在這種情況之下，
他往往需要運用好些防衞性的行爲以消除心理上的緊張，因而不易對

外界的環境作客觀的瞭解與適應，因為防衛性行為常是有歪曲現實的傾向的。推諉作用就是很顯明的例子：一個人不滿意其自己的成就，雖然事實上是由於他自己未曾盡力而為或是力有不及的緣故，但他却常不能接受那種事實，而會將責任推到別人或其他事物上去；如是他乃將覺得別人沒有支持他，甚或會認為別人在與自己為難，在蓄意破壞自己的事業。一個人若是經常運用這種推諉作用，他對別人以及環境的看法顯然會受到影響，隨著他就難於作健全的適應了。

　　健康的人旣能悅納自己，他自能容忍自己某些方面的短處。當然每個人都會努力謀求自身的發展，也會希望增進本身的各項品質，使自己趨於更完美的情況。但是人也常是各有其短處或缺陷的，其中有一些可能竟是無法補救的，或者是只能作有限度的改善的。在這種情況之下，他應能安然接受那種缺陷，而不以為羞慚。這樣他就無須花費一些氣力及精神，在別人面前作掩飾工夫，或採取其他防衛方式的行為。然後他才可能集全力來發展自己。

　　㈣**心理健康的人應能和現實環境保持良好的接觸；對環境能作正確的、客觀的觀察；並能作健全的、有效的適應。他應於生活中各項問題，能以切實的方法去加以處理，而不企圖逃避。**

　　人總是生活在某種環境之中，他必須對其所在的環境，謀求適應。因之他必須和環境保持良好的接觸：運用各種感覺功能及已有的知識和經驗，對四周環境中當時的情況和其變動的傾向，獲得適當的瞭解。他一方面應隨時觀察環境中的各種現象：簡單的如陰晴冷暖等天時的變化，複雜的如國內外政治經濟情況的發展，他都該或多或少有些認識。另一方面他應能察知環境對於本身的要求：例如服飾的形式，應對的禮節，對於家庭和社會的義務等。然後他才知道怎樣去做合宜的有效的適應。

　　我們當然不能說健康的人一定能解決他所遇到的問題，但是他所採取的方法，應當是**積極性**的，是針對著那些問題去進行的。以**考試**

爲例：最有效的應付辦法是充分準備已經學習了的功課，若是時間有限，自己只選擇某些重要的部分用功溫習，也屬情有可原；但若採用抽籤的方式去抽讀少數部分，希望能碰巧能撞上試題，就不能算是很有效的方法了。有些學生對書本中某些部分不甚瞭解，不去致力解惑，而只希望教師不就該處命題，也不能算有效的適應方法，因爲那種「希望」實現的機率，不是根據客觀資料推斷出來的，而且不能由當事者施以若何的控制；命題的權柄完全操縱在教師手中，僅是因爲自己不甚瞭解而「希望」教師不考某一部分，只是一廂情願的想法。這種想法在兒童時候是頗爲普遍的。對已趨于成熟的青年或成人來說，則不宜經常運用它；而需要實事求是地採取切合實際的手段。世間固然也偶爾會有因「碰機會」或「湊巧」而獲得「成功」的，但是健康的人不能也不會將一切全寄託在好運道上面；他必須作積極的努力，以求適應，並取得成就。即或他有時會遭遇挫折、失敗，他所採取的適應方式是成熟的，是健全的。

和現實相對的，乃是幻想。每個人都偶或會有些幻想。學生有些時會想像自己因成績優異而獲得獎勵，運動員可能會想有超越他人的表現而受人讚美，年輕的女性或者會想像自己的美貌或風度爲人所羨慕和注意，這一類的幻想是很常見的。不過健康的人的幻想，通常都很短暫，因爲他需要把精神和注意，放在面前的工作和活動上；短暫的幻想對個人的心理健康，並無何不良的影響。但也有些人，由於在幻想中，一切要求都能獲得滿足，而且有「取之不盡」的好處；既不須操勞，又沒有危險，因而頗喜歡它，特別是在現實環境中得不到其所需的滿足時，幻想的境界便顯得更爲美好，更爲誘人；如是他就將逐漸沈溺於幻想，而和現實脫節。精神病人就是生活在自己幻想之中，所以不能適應他所在環境的要求。

歸納起來說：心理健康的人是該有工作的，而且多能喜歡他的工作；他應該有朋友，而且樂於和別人交往；他對自己有適當的瞭解，而且頗能喜歡自己；他應能和環境有良好的接觸，並能運用有效的方

法解決他所遇到的問題。這幾項「條件」說來意義簡明，易於瞭解；
同時也都是實際的事項，沒有空泛的毛病。從另一方面說，我們也可
以拿它們當作心理衛生工作的目標。那也就是說：如果有某一件事或
某項活動，能夠增進某人和其四周別的人的關係，那麼那件事（或活
動）就是有益于他的心理健康。很多教師、家長常想設法增進學生或
子女的心理健康，青年們有時也會顧念到怎樣來改善自己的心理情況
，而不知道如何着手。現在我們列舉了四個項目，就等於有了四個可
以作爲努力對象的目標，就比較具體多了。自然和心理健康有關係的
事項並不止此四者，以後各章還會繼續來予以討論。

2

怎樣才算是正常的行爲？

　　筆者在大學裡講授「變態心理學」。每學年在第一次上課時，總是要很鄭重地作下列的說明：「在這個課程裡，我們會要研討若干『異常』或『變態』的行爲。由於『異常』和『正常』之間並沒有確定的界限，很多被視爲異常的行爲和我們一般生活中所表現的行爲，可能頗爲相似。如果當我們說到某種異常的行爲時，你覺得自己似乎也曾有過那種行爲，最好公開地提出來，或是個別地和本人作較詳細的討論，千萬不要輕易地就把某些專門名詞加在自己的行爲上，而認爲自己有點不正常，那就是本課程的罪過了。」

　　通常學生們在聽到我這些話時，總有不少人發笑；認爲那都是多餘的話。但筆者却並不是在說笑話，而是在向學生們提出一項保證。對某些人來說，這項保證是十分必要的。記得某一次我在講解「強迫行爲」時，說到某些人有「強迫性洗手的行爲」。當時就有一位女同學起立發問：「究竟一天之內洗多少次手才算是強迫行爲呢？」我立即警覺到她所需要的答案並不是一個數目，而是一個具有保證性的語句。如是我反覆說明僅是多洗幾回手，不一定就是強迫行爲。同時說明一個患有強迫行爲症的人，他的症狀往往不只是多洗幾回手而已。後來我注意到那位同學神情輕鬆地微微頷首，才放心下來。

　　這並不是筆者過分小心。實在是由于像「異常」、「變態」這些

名詞（自然也可用作形容詞），看來意義十分簡單，却並沒有一個明確的界說和定義。因爲它們表面上毫無深奧之處，又不時出現在常用的詞彙之中，大家就以爲自己很瞭解它們，事實上却常將其誤用了。

正常和異常並無明確界限

提起「異常」或「變態」，大家都曉得它們的意義是和「正常」或「常態」相對的。但是常態和變態之間，並沒有一個確定的界限。比如以身高爲例，我們平日很隨便地說：某人太高了，或某人太矮了。而從未想到假如當事人提出質詢：「你根據什麼標準說我太高或太矮」時，我們就將瞪目無以爲對。因爲事實上並沒有標準！也許有人認爲我們可以定一個標準，甚至想到以國人平均身高爲標準，該是很合理的。好吧！就算我們不憚其煩地計算出國人平均身高，運用起來並無補于事。因爲身高是一個數量，拿任何一個數量作爲標準時，它就成了一個界「線」。「線」是沒有寬度的；從理論上說，只有剛好和標準相等的那個數量，是正落在線上，較它多一點點或少一點點的（如千萬分之一毫米），就會「高於」或「低於」那個標準了。記住那個國人平均身高是計算出來的數量，也許實際上祇有很少人，甚至沒有一個人剛好是那麼高；那麼說來，絕大多數人是不符合那個標準。但是我們能說絕大多數人的身高是不正常嗎？大概不會有人會贊成這種說法。所以無論那個界線劃在那裡，都沒有意義。對任何品質來說都是如此。

研究統計學的人發現了常態分配的現象，又確定了標準差和分配曲線的關係，如是人們就想到指定某一個分數範圍——比如平均數加減一個標準差——作爲正常或常態的範圍。以身高爲例：假定某個區域男子身高爲一六三公分，由測量得出標準差爲十公分，那麼他們可能以一五三至一七三爲分爲該區男子正常身高的範圍。這樣自然比只用單一數量爲標準合理多了，因爲該區的男子中，將有約莫七〇％的

人其身高會在此範圍之內。不過若有人質詢何以要以均數值加減標準差的結果做此範圍的兩端，則並沒有充分的理由去作答覆，因那原也不過是隨意選定的。假使有人主張換兩個別的數值，使那個常態的範圍擴大（或縮小）一點，也並非不可以。

　　劃定某個範圍作為正常的標準，仍然還有界限的問題。有了兩極端的界線後，則在鄰近該界線兩側的分數，雖相差極微，而其中之一因在範圍之內，就將被視為「正常」；而另一個因在範圍之外，就將被視為「異常」；說來仍甚不妥當。因為那兩個分數的差異，可能並無實際的意義，或是在一般情況下根本不易察覺的。

　　應用統計的觀念制定正常的範圍，尚有另一個不便之處，那就是在此範圍兩端以外的情形，將同被視為異常。對身高、體重等品質言，尚無顯著的不妥。但對另一些品質如勇敢、愛國、高尚……等來說，將一些較一般常人更為勇敢，更為愛國、或更高尚的人列為「變態」，將不是人們所能贊同的。在中國文字裡，我們把「非常」一詞用在超越常態的一段，確是令人叫絕的措施。但那究竟祇是文子上變花樣而已。

社會規範和正常行為的標準

　　人是社會動物，每個人都是生存在某種社會文化環境之中，他的行為必須符合社會共有的規範。在一般情形下，正常或健康的人也都願努力表現社會所認可的行為。因此大家也就常以社會的行為規範作為「正常」的標準。如果一個人不遵守社會的禮儀和習俗，別人就將會目之為「怪」或「異常」。這一個標準的意義是易于瞭解的。但也還是有一些複雜的問題存在。

　　首先各個社會的風俗習慣彼此不同，因而標準也隨之互異。在我國用手抓飯吃會令人笑話，但是在印度卻是大家所共遵行的習慣；很多社會都奉行一夫一妻制，而回教社會卻容許一夫多妻。像這類的差

異很多。如是我們常提醒外出旅遊的人要入境問俗，以免失禮或被人視爲怪異。事實上這些差界不止是存在於各個大社會之間，就是在同一個大社會之中，還可能有若干小型文化團體，因宗教、地區、社會階級的因素，而各有其特殊的習慣或規則，在評量行爲的正常性時，必須顧及到那些因素。記得民國三十五年隨程玉麐教授巡視某醫院精神科病房時，他對某女性病人之未如期出院一事提出詢問。住院醫師當即解釋：謂該病人說話仍嫌過多，其狂躁症狀似未全消失，所以留她多住一、二日。那個病人是在上海紗廠裡做女工的，程教授當時就笑問在場的醫師們：「你們參觀過紗廠女工工作的情形嗎？」大家都搖搖頭。程教授乃接著說：「在上海紗廠中，機器分行排列，女工們是彼此隔機對立。熟練的工人在照顧轉動的紗綻時，還可以和對面的同事談話。每天工作幾小時，幾個月下來，不但技術有進步，口才也變得十分流利了。所以紗廠女工之愛說話，乃是衆所周知的事實，你可不能用一般的標準去評量她們。」這一段話雖說來好像很幽默，却道出了一項很重要的事實：上海紗廠女工的語言量，不能按一般情況衡量。推而廣之，各個小型文化中自有其行爲標準，常不一定能和外界一致。

　　一般人固然會遵守社會的規範，但是違反社會規範的行爲却不可一概視之爲心理異常的徵象。這裡所應指出的就是犯罪行爲和心理異常二者並不完全相同。「犯罪」及「罪行」是由法律上的觀點去裁定的，而本書所指的「正常」或「異常」是從心理學和精神醫學的觀點來衡量的；兩者並不一致。多數心理不健康的人，其行爲雖或與社會標準不符，却並沒有觸犯法律；其中少數的行爲或違背法律，也是由其心理或情緒困擾所引起的結果（如因有迫害妄想而攻擊他人），和一般犯罪行爲不同。同時較多數的犯罪者，是並無顯著心理失常症候的。這兩者之間的區別，至爲重要。將所有犯罪者都視爲心理異常的人，使之得以卸除法律上的責任，勢將引起嚴重的問題。反過來，若將所有心理不健康的人都當作罪犯看待，則將使社會上原有對他們同

情、仁愛的態度，化爲憤怒與憎惡，那麼中世紀虐待心理疾病患者的暴行，將又會復生了。

將「接受社會規範」硬性地作爲「正常」的標準，還有可推敲之處：社會中的習俗和行爲模式是否都是合理的、健全的呢？由歷史及民俗學的研究，我們知道若干不合理的習俗或迷信，曾經長時期地存在於某些社會之中（小之如纏足，大之如殺人祭祀），甚至迄今還在某些較原始的社會中流行，是否每個正常的人，都該順從地遵守那些習俗？社會是不斷在改變的，它也需要不斷地進步，因此社會的規範也會隨之而有變異和改革。當某些新的規範在其建立的過程中，某些倡導改革的人或可能會被視爲怪異。這將使此問題變得更不簡單了。

「社會規範」這個名詞所包括的範圍實在太廣，它涉及對人類各方面的習俗、規則和約束。其中有一些可能是合理的、健全的、有助於人們相互適應的；但也可能有一些是不合理或不健全的，或有礙於個別分子的發展。因此我們不能一概而論地說接受社會規範是「正常」或「不正常」；同樣重要的是我們也不能說所有揚言改革、不尊重社會規範的都是正常或不正常；而必須就每一項行爲的情況去作審愼的研判，不宜作任何硬性的或概括性的評語。

不正常的行爲和當事者本身的痛苦

心理不健康的人常不能適應其所在的環境，因而會感受到不便或痛苦；如是乃有人主張以個人感受痛苦的程度作爲「不正常」的指標。精神神經症患者多數能察見本身的症狀，又常感到無法將之解除，而引起焦慮或抑鬱的反應。有些「強迫行爲」患者，時常表現一些無意義甚至不合理的行爲，自己也知道那是一種「病態」，却又不能控制，深以爲苦。焦慮反應患者時常爲一些瑣屑的問題就憂着急，整日陷于緊張之中，若大患之將臨；自己也知道那些憂慮是多餘的，卻無從控制，深感苦惱。至若因變態恐怖、或心身反應性疾病（由心理上

的原因所引起的身體疾病）所帶來的不方便和痛苦，則常更為明顯。在這些情況下，患者自身的感受，和其不正常的情況有相聯的關係，所以像是可以用之作為正常與否的指示標準。

那麼是否凡是沒有痛苦的人，都是心理正常的呢？這問題的答案就不肯定了。曾到精神病醫院參觀的人，可能看見過躁鬱症的患者，他們整日活動不停，不時歡笑；說話時聲音洪亮，滔滔不絕；遇到生人時如見故舊，毫無侷促不安之感。看上去他們應是無憂無愁，樂似神仙；但若仔細觀察，就會發現他們的話語多無倫次，思想沒有系統，動作雖多，卻都是衝動性的，缺少一定的目標。他們那些類似歡樂的行為，原祇是一些防衛性的行為，為的是要掩蓋其心靈深處的不安和恐懼，自然那不能算是「正常」的標誌。

也許有人認為狂躁症病者的行為，常會給予旁人不便，因其常擾亂別人的工作，製造紛亂或騷擾，甚至會有攻擊和破壞性的行動，很容易判定其為異常。這確屬事實。但是「擾亂別人」也不是很可靠的標準。抑鬱症的患者在症狀上和狂躁症患者正相反：他們的活動量低降，言語少而聲音低微，思想遲滯，很少侵犯別人，而且常把與本身不相干的現象或事件，解釋成為自己的罪過。這些患者是無擾于人的。再有一些患者，對于環境中的事務。常無興趣，也不表現若何反應；言語行動，都大量減少；整日生活在自己的幻想之中，從不給別人添麻煩。但他們並不能算是正常的人。心理衞生工作者時常提醒學校教師，不要祇注意平日頑皮搗蛋的兒童，另一些具有退縮傾向的兒童，看來極守規矩，倒或是不太健康的分子。

接受治療者乃是病人

從事臨床心理學研究的工作者，常以不健全的人為對象，進行各種研究。他們所研究的樣本，總是曾在精神病醫院接受診斷及治療的病人。有人曾就這問題提出討論：認為進入醫院求治的，只是病人的

一部分，而非其全體，似乎不能算是很理想的樣本。照 W. F. Roth and F.H. Luton 二氏一九四三年研究報告：美國精神病患者之未曾住入醫院者，和住入醫院患者的人數，是幾乎相等的。從一個角度看，這個論點是值得注意的。很多病人可能由於不同的原因，沒有住院，如果祇計算住在醫院中的病人，自然不能算是很完整的資料。但問題是那些消遙在醫院之外以及來到門診部去就診的患者，我們缺乏一個很合理的標準，去為之冠上「異常」或「精神病」的頭銜。因之祇有把研究範圍縮小至醫院以內了。記得多年前筆者曾進行對犯罪者的研究，當時也明知有不少人事實上觸犯了法律，而卻消遙法外；但是研究時取樣卻祇能以當時台灣省各監所內受刑人為限，因為只有那些人才是名正言順的犯罪者。

做研究工作時以在醫院中接受治療者（住院及門診）為對象，是可以諒解的。但若要以曾否住入精神病醫院或接受門診治療作為是否心理健康的標準，就很值得推敲了。首先我們應能想到：心理疾病患者之是否能有機會住入醫院或在門診部接受治療，和其所在社會在心理衛生的設備有直接的關係。美國的精神醫學是比較發達的，尚只能使病人的半數獲得住院的機會，其他的國家，更不必說了。我國心理病疾患者的人數，目前尚無確切統計。據國立台灣大學附設醫院精神科於民國三十五年及民國五十年的兩度地區抽樣調查，發現全部心理疾病患者佔所調查總人數的千分之一七·二（第一次為千分之九·四），其中被診斷為精神分裂症及躁鬱症者為千分之一·九（第一次為千分之二·八）。約以全省人口總數依此比例推算，則屬於此二種病症者約為三萬人左右，通常這兩類患者是需要住院治療的，而我國目前公立醫院在精神病科方面的床位總數，祇及此數的十分之一。由此事實當可察見以住院及接受治療與否為正常的標準是甚不符合實際情況的。

再則病者之是否願接受治療，他們的家屬是否願意將病人送入醫院就治，各個社會的情況也頗不一致。因為這和大家對於心理疾病的

態度、對於精神醫學功能的瞭解有密切的關係。有些人認爲患了心理
疾病是不光彩不名譽的事，常設法隱瞞，甚至將病人囚居密屋，不使
人知；不肯公開接受治療。也有些人認爲心理疾病是無法治療的，住
入醫院也無幫助；少數人或且認爲精神病醫院仍和以往「瘋人院」一
樣，住進去以後祇是會使病況惡化而已，因之也不積極去求治。由於
這些社會態度的作用，可能使若干不健康的人還逗留在醫院的門外。

　　再有一點該說明的，就是精神醫學的觀念也是隨著時間在發展、
在改變的。新近的觀點是主張病人將住院時間縮短，使其早日回到正
常的社會中來，即使部分症狀未曾完全消除也沒有關係。也有些醫院
實施「部分住院制」：病人白天住院接受治療，晚間回家；或是白日
照常工作，晚間住入醫院。有了這些新的設施以後，「住院」更難用
作甄別異常與否的標準了。

以心理測驗的結果作爲辨別標準

　　在心理疾病的診斷和檢查過程中，心理測驗乃是十分重要的工具
，通常由曾經接受臨床心理學專業訓練的人員負責實施，將其結果和
其他方面的資料滙在一起，以作爲診斷的依據。這些測驗有的是測量
智力的，有的是測量知覺和運動的範型的，有的是測量內外傾品質的
，有的是測量一般人格傾向的，這些測驗之所以被用爲診斷的工具，
是因爲它們曾經經過研究，被認定有區別「具有某項症狀」和「沒有
是項症狀」的被試之功效。但是具備有這種功能的心理測驗並不很多
，適用於一種文化環境的測驗未見得能同樣有效的適用於另一種文化
環境。更重要的是測驗必須由有訓練的人員實施，由他們來解釋其結
果，正同由愛克斯光片來診斷生理疾病的情況是相似的。有些通俗的
雜誌或文章裡，常附帶一些供讀者們消遣的問題，也制定一個給分標
準，讓他們自己去打分數，而名之爲「××測驗」。實際上那根本不
能算是「測驗」，自然更說不上有若何診斷的功能。那兒所訂的多少

分為「正常」，或多少分為「異常」，多數是無若何科學根據。因之
視之為消遣的玩意兒則可，而不能以認真的態度去看它。凡是經過專
業訓練的心理學者，決不會輕易對任何人的行為作診斷性的評估的。

沒有完美的標準

綜上所述，我們發現前面所列舉的一些「標準」，都不是完美無
缺的；也沒有任何一個「標準」能夠將「正常」和「異常」的行為完
全分開來，所以近來若干變態心理學教本上，常提醒讀者對「異常」
或「變態」一詞的運用，務宜小心。對於那些十分嚴重、明顯的異常
行為來說，辨識自然無多困難，因為無論應用那一個標準，都會將它
列入「異常」的範圍之內。問題是在那些兩可的情形，難作判斷。我
們最好是將這份工作，留給受過專門訓練的精神科醫師或臨床心理學
家，而不要自己輕易去為別人或本身的行為，冠上什麼名稱或是專門
性的形容詞。

個別症狀的問題

假使有人堅持要問：他每天洗五十次手是否要算強迫行為呢？或
者有人舉出別的「症狀」來，要求一個肯定的答案。該怎樣回覆呢？
對於這些人的需要，筆者十分瞭解：因此我願意作下列的答覆。

任何一種行為，都不能單獨地用為診斷當事人正常性的根據；而
必須將那種行為和其整個生活適應情況一道研察，才能看出它的意義
。假使有人懷疑自己某種行為是否正常，不妨試著回答下面四個問題
：

㈠那項行為有沒有明顯地妨礙你的工作，使你的工作效率明顯地低
　降？

㈡那項行為有沒有明顯地妨礙你和別人之間的關係？是否因那項行

為而使別人不願和你交往，或使你不願和別人繼續交往？

㈢那項行為是否明顯地影響你對自己的態度？使你因而憎惡自己，或不喜歡自己？

㈣那項行為是否明顯地妨礙你和現實環境的接觸？使你不容易認識四周的環境，或是因而想遠離現實的環境？

如果你對這四個問題的答案都是否定的，那麼我們可以很肯定地說，那項行為對你沒有任何不良的影響，你可以不必顧慮。若干年前，曾有位中年人和筆者討論心理健康的問題，他說起自己在每次離開宿舍鎖門時，在鎖好之後，一定要將鎖拉動兩三次，以確定它是鎖住了，然後才放心離開。他想知道那是否是不正常的現象？筆者當即將上述四個問題拿出來，請他自行考驗。結果發現他那種行為既不曾影響他的工作，又不妨礙他和別人的關係，也沒有妨礙他和現實環境的接觸，也還沒有明顯地影響他對自己的態度。筆者就告訴他：他那種拉鎖的行為不能算是不正常的現象。一個多月以後筆者再度遇見他，交談約二十分鐘，沒有再提鎖門的問題，大概他已經不顧慮它了。因此這個考驗的方法，似乎很有用處。

如果有人在運用這項考驗方法時，對自己的答案有些懷疑，或是雖然得了否定的答案，仍然不十分放心，那麼最好立刻去找一位精神科醫師或臨床心理學家，和他仔細研究一下，來澄清自己的疑竇，那不是什麼難為情的事。和你去請眼科醫師檢查視力，請內科醫師去檢查心臟是否健全，沒有什麼兩樣。當一個對自己某一方面的情況有所懷疑時，應當立刻設法去弄個清楚，這正是健全的態度。

3

健康的整個性

　　近幾十年來，醫藥衛生方面有非常顯著的進步，若干過去認為致命的疾病，已經發現了有效的治療之方；很多傳染性的病症，在過去常能在俄傾間使千百人死亡的，現在已有了控制的方法。再加人們對于保健知識的增加和重視，一般人的壽命，明顯地延長；年登鬊毛不再算是稀有的事。七十多歲的老頭兒，還能冒著風寒，騎著自行車環遊全島，這是以往難以想像的事。不過在這個時候，有人卻提出了一個問題：「生命的延長，真正為人們帶來了更多的幸福嗎？假使多活上十年八載，而是生活在痛苦之中，那又有什麼意義呢？」

　　這的確是一個令人深思的問題，也正是心理衛生工作者所要謀求解決的問題之一，不過在這裡不準備多加討論。我們所要說的卻是身體健康的另一面——它和心理健康的關係。儘管由於社會環境和其他因素的緣故，沒有能為每個老年人安排幸福的生活；但是身體健康仍是心理健康的基本條件之一。「健全的精神寓於健康的身體」，這句話是有其真理存在的。

一個杜撰的故事

　　十六年以前，筆者為初級中學的少年朋友們寫過一本小冊子。在

說到「個體的整個性」時，曾經杜撰了一個故事。現在引述在下面：

「在一個夏天的午後，人感到有些疲倦，就躺在床上小憩，慢慢地他入睡了。這時候身體上的好些部分，暫時也停止了工作。它們有點覺得無聊，就閒談起來。從海員周阿根壯烈殉職到美國發射人造衛星，天南地北，都談到了。最後話題轉到它們自己身上來了，不知道是誰先說起『人類身體上各種器官的功能問題』。眼睛平時是最得寵的，也許是話說太多的緣故，漸漸有點忘形。她秋波半轉，嬌媚地說道：「說起人身體上的各部分，我該是最重要的了。主人要靠着我才能看見外面的世界。要是我一旦罷工的話，不用說如春花秋月般的美景他無法欣賞，就是食物飲水等維持生命必要的東西，也就看不到了。那他的生活就要發生問題，而諸位也就得不着所需要的東西了。』說完話，她嫣然一笑，似有無限得意。

手聽了這些話，不禁氣得發抖。他冷冷地說：「說起有用，恐怕還得數我為第一吧！若干年來人們不是都說雙手萬能嗎？人之所以能勝過其他動物，就虧有我。這個花花世界裡，從紐約的摩天樓到中國的萬里長城，那一樣不是我造成的，就說吃的喝的東西，單看見又有什麼用，至多也不過是望梅止渴而已，還不是要靠我去拿來放進嘴裡！哼！……」

手的話尚未說完，脚已經不耐地在地板上跳起來了：「你們少神氣一點，也不想一想這整個身體的負擔，是誰在扛着？梯山航海，走東跑西，沒有我，你們就寸步難移。不用說什麼發明創造了，就是珍饈美味放在前面，我不舉步，你們仍然不能到手啦！我平日低聲忍氣，甘居人下，還不是為了大家，沒想到你們就真的瞧不起人了！」說完又直跺脚起來。

這一場爭論，愈來愈激烈。原來不準備說話的，如耳朵鼻子，以及住在體內的心肺腸胃，也都生起氣來，都要放下工作，抬出舌劍唇槍，來爭個高下。

正在此時，素為各個器官所推重的腦先生說話了。他輕輕咳嗽了

一聲，然後說道：「諸位安靜，我看大家都忘記了我們原是一家，一個整體。若干時候以前，這個身體不過是像變形蟲一樣的單細胞生物。祇是爲了要適應環境，保全身命，才讓各部分長成不同的形態，負擔不同的任務，大家都是一般重要，息息相關，不能分開的呀！小至鼻孔裡的纖毛弟弟，也是身體裡重要的一部分，少不了的呀！」一篇話義正詞嚴，全場寂然都說不出話來。唯有鼻毛欣然得意，不由得輕輕跳動起來……說時遲，那時快，『哎啾』一聲，人醒了過來。各種器官立刻各回原位，全身又復成了一個活潑的整體。」

　　這個故事的用意，是想說明人就是一個整體。這個整體的各部分，只是爲了適應生活的環境，才有形態和功能的分化；但是這並不表示各部分是獨立的。研究生理學的人比較能瞭解身體各部分、各個系統之間的關係，知道各個器官的功能是相互密切關聯的。記得有一位朋友常患頭痛，他本身是個內科醫師，很方便地做了各種檢查，都沒有能找出頭痛的原因。一天他在游泳池旁光着腳走路，旁邊一位外科醫師偶然注意到他的腳掌，忽有所悟地說：「我可能找到你頭痛的原因了。」原來那位內科醫師的腳掌是所謂「平腳」，缺少一般人腳底部所具的弓形，因之足部骨骼在支持身體重量時，不如常人那麼輕鬆方便。他於是訂製了一雙特別的鞋，配合他足部的形態，果然他的頭痛就霍然而愈了。頭痛竟會因醫腳而治癒，也許是一般人所料想不到的。本來「頭痛醫頭」這句話，就是諷刺那些只顧局部、忽略全體的工作態度，上述病例，正也證明那種態度是不正確的。

　　我們從小就習於說「用手寫字，用腳走路」這類簡單的話，以致把某些行爲看成某一個器官的活動。稍許想一想，就立刻發現那種說法是和事實不符的。走路的時候，除了腳以外，眼睛、耳朵、手臂、軀幹……還有內部的心臟、肺……不知多少器官（要完全列舉出來，非請教生理學家不可），都參加了那項看來十分簡單的活動。說得簡單一點，實在是整個有機體在作某項活動。我們實際上應該說「張三在寫字」或「李四在走路」才對。

　　說起「走路」，讓我想起一個大家常有的經驗。我在師範大學的研究室，是在教育心理系的三樓。好幾次我上樓還沒有走完樓梯，坐在三樓第一間的那位年輕講師就給我打招呼：「黃老師，你來了！」他並沒有看到我，只是從我的腳步聲辨認出來那是我在走路。這表示我走路時，除了身體在作是項活動以外，還有我的另一些東西參加了我的步伐，使之和別人的步伐不同，因而熟識的人就能分辨出來。

　　寫字也是一樣。顏（眞卿）、柳（宗元）、歐陽（詢）、蘇（東坡）是我國歷史上有名的書法家，而各人所寫的字體互不相同。有的剛健、有的飄逸、各有其妙處。西方社會中以簽字代印信，據說很難作偽。原來每個人在寫字時，他的性格、感情、態度……都透過筆尖，留在紙上。別人盡可以描習他的筆法，但在筆法之外很多的東西，卻無從模擬。所以某一個人所寫的字，就等於是他整個行爲的「樣本」，而不祇他身體活動的結果，自然更不能說是他的手單獨的作爲了。

平日忽略了個體的整個性

　　我們之所以常忽略個體的整個性，乃是平日我們爲了便利，製造了一些名詞，來稱呼個體的各部分或各方面。有了名詞，就必須有定義、有界說，以期不和別的名詞相混淆。這樣一來，原來互相關聯的各器官，就被分割而讓人覺得它們是互相獨立的了。久而久之，我們甚至忘記了當初命名的本意。以「身體」與「精神」來說，我們常就以爲宇宙間原就有這兩樣互不相干的東西，因此常把兩者看成對立的實體，進而影響到我們運用此類名詞時的推理作用。當我們說到身體活動時，就認爲當事者的精神是置身一旁沒有參與；而在說到精神疾病時，就覺得患者的身體功能該仍舊是很健康的。沒想到身體與精神二者之於有機體，正如一張紙的「正」「反」兩面，是根本無法分開，也不可去其一而存其二的。

喬治‧勃列斯登氏（George Preston）在他所寫的一本通俗讀物——「精神醫學是什麼」——中，曾特別強調這一點。他指出沒有人見過「沒有精神的身體」，也無處可以找到「沒有身體的精神」。當一個人有生命之時，他必然是同時具有此二者。身體不能單獨的打球、游泳、或是作什麼表演；精神也不能單獨地唸書、思想、或寫文章。任何一種行為，都是精神與身體二者共同活動的表現；儘管一日之中，行為千變萬化，但每種行為中，身體和精神的作用必然是同時存在的。

自然，從表面看來，有些行為似乎祇是身體方面的活動，而另一些行為則好像是精神方面的作用；那乃是由於在那個情況下某一方面的活動較為顯著，易為人所注意的緣故。

饑餓通常被看成身體方面的變化，是個體需要食物時的一種狀態。我們平日常以「饑腸轆轆」來形容饑餓時的狀態，而認為當腸胃空虛之時，就會有饑餓之感。若是照這樣說，某些人因為特殊情形胃裡經常是空空如也，豈不是要不斷地進食嗎？外科權威盧光舜教授曾經告訴我一個有趣的病例：

一位青年女性因故吞食了些具有侵蝕性的化學溶劑，雖未喪命，卻將食道「燒」壞了，造成食道阻塞症，不能正常地進食。起初醫師為她在腹部行了手術，開一小窗，食物經此直接送入胃中，以維持生命。病人對這個辦法，並不滿意，因而到處覓醫為她作進一步的治療。盧醫師細察病情之後，並徵得病人同意，為她施行了一次奇妙的手術；將病人的小腸拉上來，接在咽喉部分，形成一條新的「食道」。病人從此又可以由口裡把食物送下去了。不過食物是直接入腸，而不再經過胃裡。換句話說，這位病人的胃經常是空的。後來她完全復原。

筆者在聽到這個病例時，立刻想到那個病人的飲食習慣，她是否會需要經常吃東西？據盧教授說：開始她是採少食多餐的辦法，後來漸漸趨于正常，並沒有因胃裡空空而有經常饑餓的感覺。這也就說明

饑餓是受整個身體是否獲得其所需要的食物來決定，而不是由局部機構所控制或支配的。

人們（動物亦如是）在體內缺少食物時會去尋找食物，而且常會按著身體的需要覓取適當的食物。顯示進食的行為是由體內化學平衡情形所支配。近年的研究且進一步發現在大腦的下視丘中，有兩中樞在管制我們進行的行為；其一在我們體內有所缺乏時活動，引起「饑餓」之感，而促起進食的行為；其二則在我們已經獲得滿足時活動，引起「飽滿」之感，而停止進食的行為。但是大家都知道我們的食慾和食量，不是那麼機械化規律化的。今日心境歡愉，湊上親朋在一塊兒，或會多吃上一點；來朝情緒不寧，或遇上令你生氣的事兒，可能就少吃一點；這是常有的事。臨床心裡學者還發現有一些肥胖症患者，常係由于情感的需要未獲滿足，經常以食物作為補償，結果吃得過多，肥胖成疾。醫學上逐用「感情的饑餓」（affective hunger）一詞來形容這類病人的心理狀態。這裡所指的「饑餓」自然不是體內化學平衡情況所形成，但其所具引起進食行為的作用，卻是一樣的。嚴格說起來，把人們平日進食的行為看成純粹是「口腹之欲」，怕也不完全符合事實。

「饑餓」可由心理因素所引起，反過來「饑餓」狀態也可引起一些心理與行為方面的變化。一九四四年美國明尼蘇達大學曾舉行「半饑餓實驗」。志願參加的三十六位被試，在經過二十四星期半饑餓譜實驗之後，都表現出態度淡漠、精神抑鬱，社交興趣低降，且易于激動；自尊心逐漸喪失，卑遜之感代之而生。這些變化頗為明顯，主持實驗的人甚至稱之為「半饑餓性精神神經症」。

上述這些事實說明身體和心理兩方面的情況是交互影響的。所以當其中某一方面發生疾病的時候，另一方面常也受到影響，而不能完全保持常態。比較開明的醫師們常說：「沒有一種病是純粹身體方面的，也沒有一種病是純粹心理方面的；當一個人生病時，就是他整個的人病了。」

身體情況對於心理方面的影響

研究病態心理學者，對於上述身心交互影響的關係，十分注意。根據已有研究，若干身體方面的疾病或異常情況，會明顯地引起行爲或心理方面的症狀。其中大腦急性或慢性病症的影響，最爲廣泛。患者神智不清，對於時間、空間、人物的定向能力將大爲減退；他的記憶能力減損，對新近事故的記憶受損尤多；他的心智活動——包括推理、判斷、學習、計算等能力都將降低；道德行爲也有墮落現象。部分老年人由於腦動脈硬化，影響到大腦中樞的功能，其心智活動及一般行爲均可能呈現異常反應。在某些疾病中，病菌侵入神經中樞（如梅毒菌），除了引起身體方面的症狀以外，行爲方面也有些異常徵候。

除了神經系統而外，身體器官和行爲的關係最密切的應推內分泌系統。每一種腺體分泌一種或多種激素，通常人們都照英文語音稱之爲「賀爾蒙」。這些分泌的量極微，但其對身心功能都有極大的影響。甲狀腺是大家所極熟悉的，它主要的功能是控制個體的新陳代謝作用。當甲狀腺的分泌過多時，代謝作用將會加速，同時個體會有緊張的反應，肢體顫抖、情緒激動、失眠、注意力常不集中，其他認知的功能也受到影響。有時患者且有焦慮不安的反應，甚或有妄想及幻覺出現。反之當甲狀腺分泌不足的時候，除將使新陳代謝作用低降外，患者的心智活動都有趨于遲鈍的現象。他思想遲滯，反應緩慢，記憶減退，且常有抑鬱的傾向。當患者接受治療之後，不唯身體的功能歸于正常，心理方面的症狀也隨之霍然而癒了。

另一種常說起的內分泌素是胰島素，也有人循其英文名稱之爲「因蘇林」（insulin），它是控制血液中糖分平衡的。若是因故分泌過多，將使血中糖量急遽降低，而且連同有一些心理方面的變化。據一位有過此種症狀的人報告：當時意識狀態極爲模糊，對自己的行爲

有不能支配之感，眼前的物體，都看不清楚，或呈雙像，別人在耳旁說話，聽來像是在遠處一樣，自己說話也好像不是出自本人之口一樣。這時情緒狀態極不穩定，一會兒想哭，一會兒想笑，自己也難控制。此時若是讓患者喝些糖水，就可立刻恢復正常狀態。這一些心理方面的變化，很明顯地是由身體方面情況所引起來的。

　　一般人比較最常見的，還有酒精中毒後的行為變化。酒精常被人誤認是興奮劑，實際上它是在抑制高級神經中樞的功能。環境中不愉快的現象，他視若無覩，而陶醉在虛幻的安樂裡。有些人受酒精影響而產生嚴重的幻覺，也有不少人在醉酒後表現了犯罪行為。美國穆爾氏（R. A. Moore）在一九六八年研究醉酒與傷害罪的關係，發現在其所調查的五〇八件兇殺案中，當事者之一或雙方有醉酒情形者，佔六四％。又在美國一般違法受拘的案例裡，三分之一係為了醉酒滋事。在我國酒精中毒病例為數遠較西方社會為低，但大家對於醉漢的神態和行為，總不會太陌生的。

　　至於服用（或吸食）毒品所引起的行為變化，無論對個人和社會，均有比較更嚴重、更危險的後果。由於毒品的範圍很廣，從鴉片、海洛因、大蔴煙、以至於迷幻藥，種類繁多。而各種毒品所形成的「惡果」也互不相同，此地不擬備述。不過這些毒品的作用，都是先影響到身體組織（主要是神經系統）的功能，進而引起心理和行為方面的異常現象。也可以說生理方面先產生了異常的情況，而後隨著產生心理方面的病態。雖然其中的病理，有的尚不完全明瞭。

　　其實我們並不一定要從上述這些特殊的情況中，去瞭解身體情況對于心理狀態的影響；日常生活中這些事例也就俯拾即是。經常和病人接觸的醫師和護士們，都會注意到一般病人在心理方面，和常人有不相同的地方，一般說來：病人的情緒穩定性有減低的傾向，對自身行為的控制能力也常低降，他們往往要求較多的注意，希望被看成重要的人物，他們的暗示感受性較平常增高，因而比較敏感，甚或有多疑的傾向。做母親的也很熟知兒童們在饑餓或疲倦的時候，發脾氣的

機會常比平時多些。

心理狀態對於身體方面的影響

　　自然我們也可以列舉很多事實，來說明心理狀態對于身體情況的影響。日常最易見到的，就是情緒反應時生理方面的變化。比如當我們情緒緊張時，心跳和脈搏的次數會有增加，血壓也會升高，皮膚表面由於出汗量增加的緣故，導電性將大為增加，呼吸的次數與呼氣吸氣所需要的時間也都有改變。這些變化都可以用儀器連續地紀錄下來的。如果將測量血壓、呼吸、以及皮膚導電性的儀器裝配在一塊，那就成了一般所謂測謊器了。通常一個人在說謊時，總不免會緊張一些；他表面上或可裝作若無其事然，但生理方面的變化却是照樣進行，而被紀錄下來。因此偵訊者可以察見被訊問人是否有緊張的反應，從而推斷他的答案之真實性。當然這種儀器的實施和審訊的技巧，是必須經過專門訓練的人，才能運用自如的。同時僅憑儀器上生理反應的紀錄，也還不足為判定罪行的證據。這一點得順便說明。

　　人們平日喜怒哀懼等情緒的反應，大多為時甚暫，其所引起的生理變化，也隨之是比較短暫，而後迅即恢復常態。所以通常並不造成器官的傷損，而無礙於健康。但若緊張的情緒因故延續，那麼與之相伴的生理變化也將隨之持續下去；這樣就將使某項器官或組織較長期地陷于「不正常」的活動狀態，久之乃可使某部分器官的功能失常，或可使器官本身受到損傷。

　　例如人在恐懼時，血壓將升高，如果某人因故長久地陷于憂懼狀態，則其血壓將一直較正常情況為高，而構成功能性的高血壓症。又如人們在生氣的時候，食慾常會降低，因而吃下去的食物就減少了，而此時胃酸的分泌却反增加，超過當時實際的需要；同時因胃壁充血關係，表面積增加，胃壁黏膜乃有隨之延展的趨向，使某些部位變得單薄些，保護胃壁的作用因而減低。這一些反應連續出現，是使胃壁

部分受到胃酸的侵蝕，而形成潰瘍。這一類病症的共同之點，就是器官功能的失常或組織的傷損，是延久性情緒作用的結果。醫學上稱之為「心身反應性疾病」（psychophysiologic disorders），它可以發生在全身之任一個系統或組織。據估計：平日到一般醫院門診部去求治的病例，約有一半左右是屬於這個範疇的。由於這些疾病的根本原因是在情緒方面，因之除了需用藥石或手術以處理機體上的症狀以外，還需要心理方面的治療，袪除情緒方面的困難，消除異常生理反應之因，始可期望病者的康復。

我國有一句成語：「杯弓蛇影」，是根據下述的故事起源的。據說有位樂廣公，十分好客，座上常滿。一日有某客人在喝下幾杯酒以後，牆上雕弓的影子正好映在杯中，他誤以為是赤煉蛇，而自信是中毒了。回家以後，果然得病，一天重似一天，服藥也不見功效。幸好樂廣公聞訊前來探病，聽病人說出中毒原委之後，知道是場誤會，就力勸其再去他家，將酒杯中的毒蛇和弓影相互指證，病人才知自己並未中毒，病乃霍然而癒。不論歷史上是否果真有這樣一回事，但類似那樣的病人却多極了。

這裡我們反覆說明個體的整個性，以及生理和心理兩方面交互影響的情形。很明白地顯示兩者之間的密切關聯。職是之故，一方面的健康將可使另一方面獲得裨益；反之若一方面有了疾病，另一方面也將隨著受到不利的影響。健康也是具有整體性的；有了健全的身體，心理上也會感到輕鬆些、愉快些。我們都希望增進心理的健康；要達到這個目的，自須從很多方面努力；其中基本的一項，就是當設法保持並且增進身體的健康。個人衛生學上對維護身體健康的途徑，提供了好些守則。有關於營養飲食方面的，有關於疾病預防方面的，有關於運動與休息的……當你實施那些守則時，記住受益的不祇是你的身體，而是整個的你！

4

認識自己, 接受自己

如果這個題目寫的是「認識你的朋友」，或是「你的鄰居」，看上去或者會合理一點，因為認識自己似乎應該是不成問題的事。誰又能連自己都不認識呢？但是事實上卻是如此，很多人並不真正認識自己，不瞭解自己。

這並不是一個太難相信的事實，因為要能完全瞭解自己確不很容易。個人某些身體方面上的品質，如身高、體重、血壓、血糖量……等，倒是有工具或儀器可以衡量，而且可以用數量來表示，因之我們有機會知道自己在這些方面的情況。但是其他方面的品質的衡量，就不是那麼簡單了。心理學家雖然製訂了很多測驗和量表，但是都必須由曾受專業訓練的人去實施和解釋，一般人還不知道怎樣去利用那些工具。同時也還有一些複雜的品質，是目前尚沒有方法或工具直接量度的。如是人們就常得利用間接的方式來獲得一些對自己的印象。通常最普遍的方式，就是利用實際的工作的成績，利用自己和別人相比較的結果，將自己和某個理想的標準相較量，或是根據別人對自己的態度等來推斷。

和別人相比較以瞭解自己

31

　　和別人相比較是件輕而易舉的事。兩個人並肩賽跑，速度的高低立見分曉；兩個球隊比賽一場，也可以在當時分別勝負。也許正因為這個方法十分簡便，人們時常應用它，兒童從小就被訓練和別人相比較。目前學校裡面比較的空氣十分濃厚：在教室裡每一科都打分數、排名次；在教室外面的各種活動也常都用「比賽」「競爭」的方式進行，因此兒童們不時被提示著：他是比別人高（或低）些，他是在別人前面或後面，使他們對比較和比較的結果異常重視，異常敏感。在中小學裡發卷子的時候，學生不僅對自己的分數感興趣，同時也急切地希望知道別人的分數；他對自己的成績是否滿意，一部分要看他是否趕上了或超過了他的同伴。經過若干年這樣的訓練之後，與別人比較的習慣被建立了，每當我們需要反躬自問：「我在某方面的情況是怎樣」時，就很自然地會用「我比某人高或低些」這個公式，去判定自己的位置與形象。

　　我們除了要不時和四周的人相比較之外，還常要和某些理想的標準相比較。從父母、教師、書本以及大眾傳播的資料那兒，我們獲得了很多知識和價值觀念，以及它們融合而成的若干理想和模範。我們知道了很多名人或成功者（包括所有各方面有成就的人物）的事蹟，而被鼓勵著去拿他們做榜樣；換句話說，以他們為比較的對象，以自己能否向他們看齊作為「成功」或「失敗」的量尺。「見賢思齊焉」，「我們要效法某某人」這類教訓，是一直存在在教育機構中的。

　　與別人相比較雖然是很簡便很常用的方法，但並不一定是十分理想的方法。我們只要仔細想一下，就可以察覺它的缺點。首先要指出的，就是人們很難在真正公平情況之下，互作比較。通常我們也許會認為同在一個班級的學生，由同一位教師教導，用同一樣的題目來考試，同樣的標準計分，應該可以算是公平的了。但是我們若再仔細看一下，任何一個班級裡的學生之間，無論在身體健康、智慧、家庭環境、過去的經驗……等那一方面，個別的差異都常很大，因之學習的成就，必將互有差別。互相比較的結果，究竟該算是表示什麼呢？

　　記得十年前住在城南某街時，離居處不遠的街口，有一個小雜貨攤，賣些便宜的糖果之類的食品。由母女兩人照應著。那家還有一個青年，當時是在某省立高中就讀，時常借著路燈看書，像是非常用功，筆者幾次路過時遇見，稱贊了他幾句，也因此知道了他的家庭情況。原來他的父親經年臥病，不能工作；妹妹一臂受傷殘廢，只能照應零星賣買；另有哥哥在習電工，尚是學徒身份，一家僅有八蓆之地，所以他只好在路燈下做功課了。談到學業成績，他說只能「混上六七十分，因之升學是無希望的了」。筆者知道省立中學當時水準極高。一般學生，不是課外另行參加補習，就是聘有家庭教師指導課業。這位青年在那種貧困的情況下，仍能「混到六七十分」，確實是很不容易的事了。把他的成績和另一些環境優裕學生的分數放在一塊比較，又怎能算得公平呢？

　　目前大專學校的聯合招生辦法，受到批評之處頗多；但大家還是贊成維持現有的方式，最重要的緣故就是因為它很「公平」！這裡「公平」兩字祇是指其尚無弊端而已。若是說它真個「公平」，却仍有可討論的地方。試想全省高級中等學校，共有一百餘所，有些是在大城市裡，設備比較完善，師資也常較整齊，教學的方法也常較多變化；另一些學校則是在較偏僻的地區，設備既常較簡陋，教師也多不願前往任教。因而在偏僻地區和在大城市裡的學生所接受的教學和指導，是並不完全一致的，讓他們被同一個尺度所評量，並比較高下，嚴格說來，也未見得十分公平。

　　在談到考試時，可能由於實際因素的限制，不能不採用一般性的措施。不過當某些青年因為環境或地區的因素，在比較時落後，而使他們自覺本身不如他人，乃是教育工作者應當注意的事實，而且宜設法補救或防止的。這個問題牽涉頗多，也非本文所討論的主要對象。此地祇想指出比較不一定是最理想的方法，各人由比較結果所獲得的印象，不一定是十分正確可靠的。

　　再說和理想的標準相比較的方法，也是被經常採用，而且極富教

育意義的。歷史上有許多聖哲、賢能、英雄、學者……都是足以爲後世所效法，所奉爲模範的。不過一般人不曾注意到那些偉人賢哲所最值得後人效法的，乃是他們立身的準則，處世的態度，認眞治學及治事的精神，不屈於困難或逆境的勇氣等。因爲這是大家都可以學，也是大家所應當學的。至於先賢們的豐功偉業，在某一方面的卓越成就，那自是歷史上的重要事實，也當是後世所景仰稱頌；不過却不一定是每人所必須希望去與之相齊的。若是將這二者的輕重顚倒過來，則反會失去我們「師法前人」的眞正意義。一般人並不都具備「出類拔萃」的條件，如果都令其拿前人所有的成就來衡量自己，那麼不少人會將把自己看成失敗者了。

從別人的態度來瞭解自己

　　另一個建立自我印象的依據，就是別人對自己的態度。一個人總是會需要和別人交往，與別人共處的。別人對他的態度，常可用作鏡子，用以觀測本身的情況。比如某人若是爲父母所鍾愛，爲師長所重視，爲友朋們所尊重、喜愛；大家都樂于和他交往，願意和他一道工作或遊戲；那常表示他一定具備某些令人喜悅的品質。若是他常被友朋推舉擔任某項工作，或是常成爲大家所求敎的對象；那表示他是具備某些才能，或是在某些方面超越了其他的人。反之若是一個人不爲他四周的人所重視、所喜悅，大家對他有厭惡或嫌憎的態度，不讓他有參與工作或活動的機會；那雖不一定表示此人有什麼缺點，但在一般情況下，他是應當感到不安，而不得不自我省察了。我們因看不見自己的面貌，就得照鏡子；同樣地，我們不易評量自己的人格品質和行爲，就得利用別人對我們的態度和反應，來獲得一些印象。一般說來，對方和自己的關係愈密切時，他的態度也愈有影響作用。
　　鏡子也不一定都是很完美的，有時會因爲反光作用欠佳，使人看不清鏡中影像；有時會因表面欠平，而歪曲了人物的印象。遊樂場所

陳設的哈哈鏡，有意地把人反映成為尖頭細腿等種種滑稽形像，自是極端的例子。同樣的道理，由別人的態度所反映出來的自我印象，有時也難免於歪曲或誇張的作用。對方的偏愛或成見，或是缺乏瞭解，都將使其讚美或批評，和當事者本身的情況不盡相符。若是依據它來建立自我印象，自然是不適宜的。

　　當然這項缺點是可以補救的。不完好的鏡子終究是少數，若能多用幾個鏡子，總是會可以看清自己的。同樣地，有成見的人也常有限，如果我們能和較多的人交往，看看多數人對自己的反應；在一般情況下，應該是能有助於自我瞭解的。

藉工作的成果來瞭解自己

　　除了根據別人對自己的態度，以及與別人相比較的結果之外，我們還可以藉本身實際工作的成果，以評量自己。由於這常有比較客觀的事實為依據，所以因此而建立的自我印象乃常較正確。這裡所指工作，乃是廣義的，並不限於課業或生產性的行為。所有各方面的活動：文學的、藝術的、科學的、技術性的、社會性的、體能的……都當包括在內。因為各人所具潛能的性質，互不相同；若是祇看少數項目上的成績，往往不能察見其才能和稟賦的全貌，好些時候，一部分的才能或將被埋沒。現代教育主張讓青年們有機會參與多種活動，也就是希望多有機會發現他們的才能。同時學校裡還有計劃地舉行性向測驗和興趣測驗，目的也是要發現每個青年可能因訓練而獲得最大發展的方向，因之那些資料，也常能有助于青年們對自身的瞭解，各級學校輔導工作的目標，也正在此。有人拙于文字，而長於工藝；有人不善于詞令，而精於計算；必須輔導他們循著自身潛能所在的方向發展，才可獲致最大的成就，也才能建立其對自身的信心。

　　近代心理學者很重視人們對於自身的印象，稱之為「自我觀念」或「我觀」（ self concept ），因為「我觀」是決定各個人行為方式

的重要因素。每一個人，無論是智或愚，賢或不肖，他所表現的行爲，都是當時和其「我觀」相符的行爲。說得再淺顯一點：沒有人會作一件事，是在當時他認爲和自己的身份、年齡、性別、能力、以及他本身任何一方面不相宜的事。穿衣服時他會選擇和本身年齡相稱的服裝，說話時他常要選擇和其身份相稱的詞句，進食時他會選擇和其社會地位、經濟能力相稱的場所……換句話說：每個人都會依照其我觀，來決定那些事他不可以做，那些事他可以做，或是該怎樣做。如是別人也就常能從他所表現的行爲裡，對他有所瞭解、有所認識。

這正可以讓我們察見正確自我瞭解的重要性。如果某一個人對于自己各方面的印象，都和實際情況頗爲接近；換句話說，他有頗爲正確的「我觀」，那麼他根據其我觀所表現的行爲，自然會很恰當。不過事實上並不常能如此。你可以做一次簡單的試驗：試走進一家服裝店，在所陳列的衣服中，挑出你認爲大小適合于自己身材的一套來，穿上身來試試。可能你會發現其大小長短不一定完全合適。這表示你對于自己身材的印象，不完全正確。好在買衣服不必僅憑視覺印象去決定，而是可以穿上身來試試；因之對身材估計縱然有欠正確，也不會有太多影響。對其他方面的估量若有錯誤，或不會這般易于發覺。你祇要看街上人們所着衣服，大小不適合的情形尚少，顏色形式和當事人的年齡、職業或身份不盡相稱的則頗有人在，那就是由於那些品質不如身材那麼直接衡量的緣故。

一個人之所以不易於建立正確的我觀，往往是因爲若干品質不能直接衡量，而間接得來的資料又不十分可靠的緣故。這在前面已分別說明了。不過除了那些原因以外，還有一個很重要的因素：那就是當事者是否能接受自己，悅納自己。

人們應能悅納自己

認識自己不是件容易的事，接受和悅納自己則常更難。悅納實含

有喜歡、關愛的意思。驟然看去，我們會認為喜悅自己應是普遍的現象，難道世界上還有不喜歡自己的人嗎？這個問題的答案是正面的。如果我們換幾個字，說不少的人都具有自卑心理，大家會容易同意些。其實「自卑」就是對自己某方面不滿意的心理狀態。通常人們總以為自卑者必係在生理或心理方面具有缺陷或短處，那固然是可能的；但不是必要的條件。若干身心各方面並無明顯缺陷的人，仍然可能具有強烈的自卑心理。因為他雖然各方面並不次于他人，甚或比別人還優越些，但他仍然可能不滿意，仍然可能不喜歡他自己。

不能悅納自己的人，由於他對本身的某方面（或全部）不滿意，他可能拒絕認識自己，不承認或不接受自己的真正面目，而要裝扮另外一個形象來。比如有人不願意承認自己窮困，因而恣意揮霍，裝成很富有的樣子；有人不願意承認自己能力的限度，盲目地去從事力所不及的工作；有人出身貧賤，却極力要擠入權貴的行列；有些人年事已老，却仍然要綵衣濃粧，和妙齡仕女爭人青睞。這些人把真正的自我藏身在偽裝之後，希望在別人眼中建立另外一個形象。這一類的行為並不罕見，也並不太難于瞭解。不過對當事者而言，這些行為有時並不是在完全有意識的狀態之下所表現出來的。換言之，他可能並不覺得自己是在「裝腔作勢」。在這種情況之下，他是連自己也要在內；希望自己所看見的，也不是（或不完全是）他本來的面目。

不能悅納自己的人，也可能運用好些方法，來避免認識自己的真正面目。一種常被採用的方式，就是離群索居不和別人來往。前面說過：我們常以四周他人對我們所表現的行為，作為鏡子，以瞭解自己的情況。如果一個人不希望瞭解自己，就不用去照「鏡子」；那麼最好的辦法，自然是和「鏡子」遠離，不去和旁人接觸，就看不見旁人對自己的反應了。遠離人群還有一層作用，就是減少了和別人比較的機會。他可以看不到別人的輝煌成就，也看不見別人高興滿足的樣子；那些東西都是具有威脅性的，因為他們將反映出本身的渺小、無能，所以能避不見他們，對個人的安全感來說，自然是有好處的。至於

有形式的比賽，他尤其是不樂于參加的，除非他有必勝的把握。因為他常沒有勇氣接受「失敗」。要不然他就索性和最佳的對手去競賽，因為在那種情況下，失敗了也不會丟面子。這自然是一種不健全的態度，但却是自卑者所用以防衞其自我的手段。他這麼作，自也無從和別人建立良好的關係。

再有一種防衞自我的方式，比較複雜一點。當事者將其對自身不滿甚或自責的態度，全部投射到外界去，投射到別人身上去。如是原來「我不喜歡自己」或「我討厭自己」等心理，就轉變成「別人不喜歡我」，或「別人在討厭我」了。固然我們並不喜歡受人厭惡，為別人所責備，但那比自責要好多了。因為別人的責備可以解釋為「出自誤會」，或由于對方的偏見，而不一定表示自身確有過失。但人若為自己所不容，則其缺失必係千真萬確，無可推卸了。所以將「自責」之心投射于外，轉變成為「他人責備」後，當事者心理上所感受的壓力，將可大為減輕；但他和別人的關係，却會因此而受到嚴重的影響。一個人既認為四周的人在譴責他，在輕視他，他自然也不容易喜悅其周圍的人；而且他常常會再進一步，對別人表示不友好以至于敵對的態度。若干心理疾病患者的妄想（ delusions ）就是這樣產生的。這也就說明了一項重要事實：不能悅納自己的人也常不能悅納他人。從另一方面說：唯有喜悅自己的人才會喜愛別人。

不能悅納自己的人，不僅是難於接受別人，有時還將有其他方面適應的困難。因為喜悅自己的人，他常會努力保護自己，愛惜自己。他會重視自己身體的健康，珍惜自己的品德和名譽，不肯陷自己於不義，也不會無端地把自己暴露於危險之中。他會「潔身自愛」，以取得別人的尊敬和喜悅；他會設法適應于其環境，並且會努力謀求自身的充分發展。但是未能悅納自己的人則不如是。由於他不覺得自身有什麼可貴可取的地方，就不時表現自暴自棄的行為。他對於自己的身體、信譽、地位、前途……等，都不加以重視，因而也不肯在修身、養性、求知、服務等方面作任何努力，以求發展自己的潛能。他不求

別人的敬重，也不注意別人的批評；甚至他還會把自己陷于不利的情況，或是表現危害自己的行為。美國精神醫學家麥靈格氏（ Karl Menninger ）曾稱之為「自作孽」的傾向，且寫了一本書專門討論這一類的行為（該書原名為 Man against himself 程玉麐教授曾將其譯為中文，並定其名為「人性自毀」，將由開山書局出版。）

　　筆者和盧欽銘先生曾經在我國國民中學做過一次調查，要學生就十三種品質（如品行優良、富有毅力、聰明等），將自己評定等級。發現那些平日被教師認為不易管理，行為有偏差的學生，多數有將自己列入較低等級的傾向。也就是說他們常認為自己品行欠佳，缺少毅力、智慧較低……顯然表示有對自己不滿意的態度。而事實上那些少年平日的行為中，就充分顯露了「不愛惜自己」的傾向。比如他們時常會為極細小的事故，和別人爭鬥，把自己暴露在危險之中，毫不知珍惜。那是一般「自愛」者所不肯為的。從這些事實上，我們不難看出「不能悅納自己」的人，是難於對其環境作健全的適應的。

如何增進自我悅納的態度？

　　「自我悅納」既是如此重要，那麼怎樣才能增進我們對自己的悅納之感呢？這的確不是一個簡單的問題。事實上「自我悅納」和「自我瞭解」二者是有密切關聯的。真正瞭解自己的人常比較容易接受自己，而同時一個人若有肯接受自己的態度，他當更能發現自己的真正形像。這二方面相輔相依的情況，是不需要多說明的。

　　我們平日在說到「自我瞭解」時，就常以為有些人是「瞭解自己」的，另一些人是「不瞭解自己」的。這種非此即彼的分類觀念，和事實常不相符合。因為完全對「自己毫無瞭解」的人可能很少，真正能完全瞭解自己的也不多；大多數的人都在這兩極端之間，對自己有各種不同情況的瞭解。在正常的情況之下，人們總是會隨著自身生活經驗的增加，而增進其對於自己的瞭解。因此也有人認為應當把完全

的自我瞭解，看成為整個發展的目標。

要增進自我瞭解，培養自我悅納的態度，雖然不是一朝一夕之功，但也有一些原則，可作為我們努力的方向：

㈠擴展自己的生活經驗

任何一種經驗，都是個人對於環境的適應過程，也就是個人運用某種才能或品質的結果，這項經驗的回饋作用，就將使當事者對本身的情況獲得一些瞭解。照這樣說，一個人的生活經驗愈豐富，接觸的方面愈廣，將愈能促進其對本身的瞭解，不過人們常有維持已有的「我觀」之傾向，凡是和其「我觀」不相符的經驗，他會有拒絕接受的趨勢；甚至會根本規避和那些經驗有關的情境。因此一個人不能把自己圍于某個固定的生活圈子裡，而需要不斷地擴展自己的生活範圍，多接觸一些人和事物，多攝取一些新的經驗，好些事情的難易，和其所含有的甘辛，必須去實際體驗，才能知道，也才能察見自己某一種品質的情況。

㈡誠實而平靜地檢討自己的得失

每個人在其和環境適應的過程中，必定會有得有失。在某些方面他可能有卓越而且使自己滿意的成就，而在另一些方面則可能會遇到阻礙或挫折，所得成績不如理想。對於這些結果，個人要能平心靜氣地慎作分析。一方面應能有勇氣承認自己在能力或品質上的短處，以及在工作方法或程序的缺點；另一方面也要避免作概括性的挫折反應。

宇宙間絕對完美的事物很少，絕對完美的人則更難求。每個人都是有其短處和弱點的，那不是足以引為羞的事。重要的是應知如何對付自己的缺點。如果某項缺點是可以改善的，就當有過則不憚改的精神，而且要能毫不遲疑地進行改善，正和治病一樣地不可遲緩。如果某項短處是確實無法改善的，例如身材、膚色、智慧……和某些不能矯治的身體殘障，那就得鼓起勇氣來接受那項事實，不必力求隱諱。

僞裝固或能使別人暫時不致發現本身的弱點，但因僞裝而增加的心理負擔，却常是十分沈重的。而更重要的損失，則是使當事者不能在其「弱點」的限制之內，謀求合理的適應與發展。有時候一方面的僞裝不僅妨碍那一方面的正常活動，且常對其他方面的適應，也造成不利的影響。

　　友人某君有口吃的毛病，深以爲苦，因爲怕別人笑他，就儘量不在人前說話，甚至規避團體活動，希望別人不注意他的「缺點」。但是那並不能解決他的問題；同時由於他時常要察看別人對他的反應，反而使自己終日陷于緊張的狀態。從來他接受了筆者的意見，不再掩飾自己的「毛病」；同時在別人面前，適當的表示自己對某些問題（學術性及非學術性的）的意見。在發言之前，先把所要說的內容，作充分準備，整理成爲簡練而有條理的詞句，緩緩地說出來。由於他所說的話很有內容，使他的信心提高，減低了說話時的恐懼心理；同時也讓別人有耐心來聽完他的意見。這樣經過了一段時間以後，他的口吃雖無顯著的改進，但他已不再怕說話，而其與別人的關係，也大爲增進。別人往往只注意他的意見，敬佩他的學問，而根本不覺得他有口吃的毛病了。

　　在本節中，筆者特別在「檢討得失」一事上，加了平心靜氣四字，意思是指冷靜的檢討。得與失是容易引起情緒反應的情境。「得意忘形」是描寫一個人在有些收穫時歡愉的情況。一個人到了「忘形」的境界，自己是不復冷靜；此時的判斷和辨別作用，當已多少受了影響。但通常失敗和挫折所引起的情緒反應，會更較強烈些。那種失望、憤怒、羞慚……等交織的心情，往往使當事者無法作審慎的思考和辨察。有些人就會拒絕接受失敗的事實，另一些人則認爲那是全面的失敗，對自己整個失去了信心。其實在大多數情況下，失敗只是因爲個人某一方面有缺失的緣故。在平靜的心情下，常並不太難於發現問題之所在。這時當事者可以設法加以補救，或者另循其他的途徑去謀求發展。這樣一來，失敗所帶給他的，乃是具有建設性的教訓，而不

是打擊。

(三)建立符合本身情況的「抱負水準」

　　所謂「抱負水準」就是各個人對其本身成就預期的水準。比如某高中畢業生在參加大學入學考試之前，有人問他大約有多少把握，他根據以往錄取的標準和自己過去的學業成績，常會有一個答案（如果他願意眞實的回答）。這個答案就表示那位青年對自己在投考大學這件事上爲自己預定的目標，也是他用以衡量本身的量尺之一。

　　「抱負水準」是具備有動機作用的。個人旣以某種程度的成就爲目標，他就會朝此前進，以期達到那項目標，一個人的抱負水準若是過低，他固然會容易達到目標，但是那些成就並不能帶給他眞正滿足之感；而且沒有給他機會充分發揮他的能力。

　　一般人常有的困難，是將「抱負水準」訂得過高，超過了本身能力的限制；因之他雖已竭盡己力，仍然達不到自己所希冀的目標，而致引起「失敗」之感。其所以人們常有此通病，是因爲在訂定「抱負水準」時，沒有以本身實際的條件爲依據，而過分重視了別人的崇尙趨向。總希望自己有超越別人的成就，而贏得大家的喝采和讚美，如是乃將自己的理想訂得太高。其實這原也不算什麼大毛病，祇要當事者能隨時根據已有的經驗，對自己的理想目標，作適度的調整；而不要把它硬性固定在某個位置，某個方向。根據艾金孫氏（ John W. Atkinson）在抱負水準方面的研究，他令被試作投環測驗，投擲的距離由被試自己決定。結果發現凡是成就動機較高的人（也就是肯努力工作，願意克服困難以追求成功的人），多選擇在中度距離位置投擲；而成就動機較低的人，則多選很近或很遠的位置投擲。換句話說：後者是希望在十分有把握或完全碰機會的情況下工作，其抱負水準不是偏低，就是過高；至於前者則是情願在有適度把握，又有適度冒險的情況之下作努力的。那應當是比較合理的態度。

㈣不以和別人比較作爲唯一衡量自己的量尺

　　前面說過：和別人比較是建立「我觀」的參照標準之一。事實上由於我們經常和別人接觸，隨時有比較的機會；而且大家又習慣於這項方法，因之與人比較也是頗爲重要的參照標準。在學校裡時，分數和名次是衡量學業成就的量尺，孩子們就拿那個來比較高低。離開學校以後，大家不再有機會同在一塊兒應考了，就得找其他的東西來做互相比較的量尺。能計量的事物自先被用到：像每月的收入、官階或地位的高低、房舍的大小、汽車的有無（或等級）、財產的多寡……都是大家所密切注意的資料。有時還要把個人所隸屬的團體、子女的學位或職位、兒女親家的社會地位，以及應酬時所出入的飯店酒家……也都包括在內。這只要聽太太們在茱場裡閒談的話題，就很容易察見大家是在拿什麼東西來評量人；如是生長在這社會裡的人，也就很自然會以同樣的量尺，來和別人較高低，來評量自己了。

　　可惜的是這樣事物都不是適當的量尺。因爲一個人的收入、地位、財富等的多寡或高低，除了他本身的因素以外，還受到很多其他因素的影響。因之並不能根據那些來對當事人的任何一方面作什麼推斷；更無從將它們用來評斷兩個人的高低。

　　這並不是說我們不要承認自己可能在某方面比不上別人；相反地，我們該有勇氣承認那些事實。不過我們不必以在某些方面高于人爲傲，也不必以在某些方面低于人爲差。人生來不是爲著要和別人相比較的，而是要充分發展本身的各樣潛能。一個人若把超越別人當作他努力的目標，他一定要失敗的，因爲他絕不可能同時在各方面超越所有的人。反過來說：即使某人一般能力都較別人爲低，但他自己總有其比較擅長的一方面。如果他能夠把握這個長處，努力求進，使之得以充分發展，仍是極有價值的成就。每個人是要按著自己的樣子生長，做適合于自己的工作，我們無法使自己變成「別人」，也無須和別人較量長短，即令能比較出個高低來，也沒有什麼意義。

5

健全的情緒生活

　　每個人在一日之內，要表現難以數計的行為活動。我們若仔細觀察一種活動，當很快就發現它包括運動方面的反應，包括心智方面的反應，也包含了情感方面的反應。心理學的教本裡，常將三者分開來討論，很容易使人覺得它們是彼此獨立的。實則不然，每一種行為，都有情感的一方面。在參加考試的時候，你一面聚精會神，提筆作答，同時你的心情是緊張的；在領受獎品的時候，你一面走上講台，向頒獎人行禮，同時你的心情是愉快的。情感的反應伴著我們的行為出現，使生活顯得多彩多姿。不過有時情感的反應甚為明顯，不但我們會感覺到，四周的人也能察見；而在另一些情況下，情感的反應不很明顯，連當事者本身也不曾體察到，比如在一些習慣性的活動，情感的作用常不甚顯著。正同一個沒有風時的湖面，平靜無波。不過我們也都知道，湖面很少是完全靜止的。

　　水面上沒有波瀾，固然平靜；但也讓人覺得它太呆板，太沒有生氣。我們的生活中若是缺少情感的作用，會將是個什麼樣子，很難想像到。一切行為對我們將失去意義，人大約也就只像一個會說話、有動作的機械而已。

　　喜樂是每個人都曾經驗過的。當你在完成了一件工作，達到了你所預期水準的時候；當你遠遊歸來，和自己所親愛的人重逢的時候；

當你獲得了一件你所企盼的事物的時候；當某項危險或災難過去，而你發現自己和親人們未受損傷的時候，你覺得全身都放鬆了，自己好像要飄浮起來，你想歡呼，你想跳躍，你會笑將起來；這時候你會忘記了疲勞，你會忘記了所有的苦惱，你覺得整個宇宙都在為你歌唱，世界上每一件事物都會顯得美好些。喜樂像是生命中的維生素，它美化了四周的景物，使你能再高高興興地生活下去。

正常的情緒

情緒反應雖然是各人行為必有的一面，但很多人的情緒反應不一定是在正常的情況之內而且不健全的情緒反應可以導致身體及行為方面不良的適應。在正常的情況下，情緒反應常能符合下列幾個條件：

第一：它是由適當的原因所引起的。無論是喜、怒、哀、懼，都是有其原因或對象；同時當事者通常都能覺知該項因素。「高興」必定是為一個可喜的現象所引起，悲懼必定是為一個危險的情境所引起；念怒則總是由一個挫折的情況所引起；而當事者通常本人定也能道出他為什麼高興？為什麼念怒？或是恐懼的對象是什麼？四周的人縱或不能立時察見引起其情緒的原因，稍後也常會接收他的解釋。比如中了愛國獎券而興高采烈，受了別人的侮辱而氣憤，皆是十分正常的反應，大多數人在那種情境中都會有類似的表現。

其次，健全情緒反應的強度，應能和引起它的情境相稱。海面的風愈大，所激起的波瀾也將愈高；如果是雲淡風清，自不應有波濤洶湧的現象。動物園的老虎跳出獸欄了，人們為之驚駭逃避，是很自然的現象，若是逃出來是一只白兔或其他不會傷人的動物，則不應當有那麼強烈的反應。獲得了百萬元獎金和獲中拾塊錢的末獎，雖都是可喜，其喜悅的程度是應當有區別的。

過於強烈的情緒反應，通常容易為人所看到；強度不夠的反應

則容易被忽略。事實上過和不及，都是值得注意的。有些人對任
何足以引起喜樂或悲哀的情況都無動于衷，所表現的是一種冷漠
的態度。雖然在某些社會裡，認爲有修養的人，應能抑制情緒的
反應，但若過于極端，也不是常人應有的現象。這一點以後將再
作討論。

　　第三：正常情緒作用的時間，是當隨客觀情況爲轉移的。當引
起情緒的因素消失之後，當事者的反應，會視情況而逐漸平復。
有些損失或打擊造成的傷害是無法恢復的，比如親人的死亡，可
能需要較長的時間才可使創痕平復。至若一般性的問題，則應能
在較短的時間裡淡忘，囘復到正常的生活型態。而不應當是漫無
止境地延長，使整個生命中瀰漫著某種情緒的色彩。

正常情緒的功能

　　正常的情緒反應，是有助個體的行爲適應的。撇開正面的情緒（
如喜樂、興奮等）不說，卽以一般不爲人所喜的恐懼而論，它實有其
重要的功能。恐懼使個體進入緊張激動的狀態。由于交感神經的作用
，身體方面將會有一連串的變化：血壓增高，呼吸加速，心跳和脈搏
也跟著上升，血液循環加快了。此時肝臟中所儲存的糖分再囘到血液
裡來，提高血中糖量。而血液也將大量把營養分輸向大腦和肌肉組織
，對其他部分則有減低的傾向。爲了減低能的消耗，消化器官的活動
將會減低，甚或完全停止。這時血小板較平時增加很多，因之血液比
較容易凝固些，這一串反應，心理學上稱之爲「應急反應」。意思是
說：當事者的恐懼反應，表示他是遭遇了危險或對他構成威脅的情況
，需要設法應付；因之他的身體方面也得配合這個緊張的局勢，而全
面動員起來。如是就產生了前面所說的那些變化。

　　這些變化所發生的作用，簡單說來，是要使身體有較多的「能」
，來應付當前的問題。呼吸加速，是要增進體內氧化作用；心跳加速

，血壓升高，是要增進血液循環，加強其運輸的功能；部分非急務的活動受到抑制，是要節省體能；血液凝固力的增速，是防止身體萬一受傷時失血過多；血液的流向大腦和肌肉，是要使個體可以迅速而適當地表現必要的反應，這時個體常有較大的氣力，去抵抗敵人或逃避危險。你試想一想這些，定會驚訝你的身體是個多麼精巧靈敏的機構，會自動地（交感神經的活動不受個體意識的指揮）表現如此神妙的功能。而當緊張局面結束，危險消逝，恐懼不復存在之時，它又能自動地復原，恢復平時正常的狀態。你的健康不會受到若何影響。

試想我們若在真正危險來臨的時候，沒有恐懼的反應，那麼不會想到要逃離或抵抗那種不利於我們的情境；同時我們的身體方面也沒有充分的能，來助使我們作急變的措施；其所造成的後果，將是不堪設想的。最近某地兩幼年姊妹，不識危險，在鐵道上嬉戲，火車來了，也不知道躲避，結果一死一傷，實在是很悲慘的事。

我們平日談到怕懼情緒，常將它和焦慮混淆為一。比如說「怕考試失敗」、「怕別人瞧不起自己」等，其中就心和焦慮的成分居多，和面對毒蛇猛獸的恐懼不盡相同。焦慮所引起心理緊張和身體反應，都不及恐懼時明顯、強烈，但實具有相類似的作用。好些研究發現：個體在適度的焦慮情緒之下，他的思考能力亢進，反應速度增加，動作比較靈敏，其工作效率和學習的效果，都顯著地增加。一般說來，學生在定期舉行考試的科目上，成績往往比沒有考試的科目來得高些，學生們的收穫也來得多些。美國某些學校，以往只採用「通過」和「不通過」來計成績，現在又逐漸恢復分等第給分的辦法，使學生相互有所比較，有競爭的心理；他們之所以這樣做，一部分就是要藉此提高學生的成就。

適度的緊張，不僅是維持工作效率的有利因素，也常被認為是健康生活必要的條件。赫勃氏（D.O.Hebb）就曾利用這個道理說明人們為什麼喜歡從事冒險的活動，為什麼有些人一天在辦公室裡傷透腦筋之後，還要去玩那些橋牌、圍棋之類傷腦筋的玩意。穆勒氏（O.

H．Mowrer）是心理學者中最注意焦慮現象的一位。他在其所編「心理治療」一書中曾經說過：「適度的焦慮是促使人們趨于健康、趨于統整、趨于最高效率的力量；也就是這個力量在協助人們獲致較高級的綜合，較新的統整作用，以及比較穩定而恒久的人格組織」。

　　適度的緊張情緒，不僅個人所需要，也是一個正常社會所必須的。人類學家密德女士（Margaret Mead）就曾指出這點。因為我們就心感染疾病，就有了預防接種和醫藥保險等辦法；因為我們就心發生意外，就訂定了車輛定期檢查的制度；因為我們就心空氣和飲水受到污染，就引起了防止公害的措施……社會上若干建設性的措施，實在由人們焦慮心理所促成的。事實上這種觀念，我國先哲早已見及；孟子所說：「無敵國外患者，國恒亡」（見孟子告子章下）。也正是這個道理。

　　經過這樣的說明，讀者們應能瞭解：情緒並不是個壞東西，情緒作用也不全都是不利的現象，它和其他事物一樣，也有好的一面。

不健全的情緒反應

　　情緒反應雖是我們正常行為的一方面，而且有其積極的功能；但是人們在談到情緒行為時，總是認為它害多于益，而常把所有行為適應的困難，歸咎于情緒作用。有些心理學和變態心理學書上甚至將個人行為方面的問題，逕稱為「情緒的不良適應」（emotional maladjustment）。我國也有所謂「鬧情緒」的說法。這些說法所指的，乃是兩種情形：一為強烈的情緒反應，另一個是為延久性的情緒反應。

　　前面說過：情緒活動時個體是進入了一種激動和緊張的狀態，這種情況實含驅力（drive）的作用，要推使個體，表現一些活動，來解除當時身心的緊張。在強烈的情緒反應情況之下，其所產生的驅力也隨之增加，如是個體急切地要設法來終止或消除其緊張情況。還記

得前面所描述的應急反應嗎？那一連串反應把個體送入了動員的情況。但是那一些反應是由自主神經系統所支配的，它們受制於中腦的下視丘（ hypothalamus ）部分。當這一部分的活動過強時，大腦皮質的高級心智活動，如推理、辨別等，將受到抑制。因而在這時候個體所表現的行為，常有「不合理」、「不適宜」的現象，工作效率也減有減低的趨勢。

　　心理學者隋勒氏（ A. F. Zeller ）曾經研究情緒反應對於學習效果的影響。他令兩組大學生同學習無意義的音節。他們在這方面的學習能力原是相等的。在學習過程中，他又使學生做方塊排列實驗，並測驗其對所排圖形記憶的情形。當甲組學生做完時，隋氏給予他們讚美的評語，然後再使他繼續無意義音節的學習。而當乙組學生接受方塊排列測驗時，隋氏却給予他們十分嚴厲的批評，說他們做得很差，僅只能和八歲兒童相比，恐難順利完成大學課業。隨後他們也照樣繼續學習無意義的音節。隋氏發現這批乙組學生在受到批評，都十分沮喪，心情趨于緊張。方塊測驗的成績愈來愈差，而隨後無意義音節的學習效果也大大減退，無法和甲組相比了。

　　派屈里克氏（ J. R. Patrick ）做過一個頗為有趣的實驗。他令幾個大學生個別地進入一間實驗室。該室有四張門，其中三張門是鎖住的，只有一張是可以打開的，實際上只要順序將各門試一下，立刻可以找到出路。但當派氏用冷水、電擊、強光、大聲等強烈刺激同時加之於受試者，使之陷於緊張狀態時，好幾個被試呈現慌亂現象，不知道按順序找出路，四面亂跑，已經試過是被鎖住的門，會重複地去嘗試，顯然是給弄糊塗了。像這一類因情緒激動而失去「理智」的現象，在日常生活中，是屢見不鮮的。

　　好些學生平時成績不錯，到了考試時，由于過分緊張，成績反而低降；有些球隊在遭遇到強敵時，也常可因心情緊張，頻頻失誤，而致敗下陣來。這都是我們所熟知的事實。

　　另一種不利的情形是情緒的延久性反應。當情緒作用時，我們的

生理會表現一連串的反應，這在前面已經說過；而且也是正常的現象。當情緒反應終了時，生理方面又將恢復平靜；通常此類變化為時短暫，沒有什麼不良的影響。但若情緒作用的時間延續下去，（通常最易於有這種傾向的是焦慮和念怒），那麼生理方面也將配合延長其變化，久而久之，就將引起困難了。

　　焦慮和念怒都是緊張的情緒。它們所引起的生理反應有好些是相同的。比如心跳將加速，血壓會升高，胃酸的分泌會增加，而消化活動卻會減低，食慾也將隨著低降等。這些變化若是長久延續下去，可能會造成身體上的病症。當事人的血壓將高過于一般正常的範圍；他的心臟可能由長期加重的負擔，而受到損傷；他也能由于胃酸過多而引起腸或胃的潰瘍；或是因消化功能失常而引起腹瀉或其他胃腸病症。這一類的疾病，因其係導源于情緒作用，而不是基于機體本身的障礙，故醫學上稱之為心身反應性疾病（ psychophysiologic reactions or psychosomatic disorders ）並且將這類病症的研究和處理，列為醫學的一項專科，叫做「心身醫學」。據估計：平日到醫院門診部去看病的人，幾乎有一半是完全或部分屬于這類疾病的。祇是因這病人因其長期陷于某種情緒狀態之下，對那種緊張心情已經習以為常，而常不自覺；但他們生理的反應，却照樣在不正常的情況中進行，所以他們往往把注意集中到身體的症狀上，而不覺得它和情緒有關聯了。

不健全情緒反應的形成

　　情緒反應之所以容易引起問題，一部分是由於人類行為的幾種特質，在情緒活動似乎特別顯著。

　　第一是引起情緒的刺激，很易於產生概化作用（ generallzation ）。刺激的概化作用是指原由某一刺激引起某種反應後，和該刺激相類似的刺激，也有引起是項反應的效應。這個現象本就是在各方面都存在的，但是在情緒反應方面，似乎特別顯著。例如一個兒童在被某

隻狗咬過或驚嚇過之後，所有的狗都將使他有恐懼的反應；甚至和狗相似的四足有毛的動物他也不敢接近。可是很多狗是不會傷害人的，和狗相類似的動物也可能多數是沒有危險性的；因此在此種情況之下，兒童所表現的恐懼反應是多餘的，也就是「不適當」的了。

第二是引起情緒反應的刺激情境中的一部分，可能引起全部的反應。比如某童曾在公園中（或其他地方）被惡犬追逐，以後他不但怕狗，可能連公園（或其他地方）都不敢去了。公園只是他當時受驚情境的一部分，而且是其中無害的一部分，但也可能構成引起恐懼的刺激。有的小孩因為是在單獨出門時受過驚恐，以後就索性不敢單獨出門。恐懼的反應由真正具有危險的刺激，擴散到情境中無害的部分，以後這一部分刺激單獨出現時，也將引起恐懼的反應。

第三是象徵某些具有情緒色彩的刺激之事物，也可能有引起情緒反應的作用。人是會利用符號的；在日常生活中，我們時常以符號代表實際的事物或情境。例如以紅十字代表醫院，以骷髏旗代表海盜等。可是當我們在習用了某些符號之後，符號也就可以替代其所象徵的實際事物或情境，引起我們的情緒反應。如是紅色由于象徵吉利，使人有喜悅的反應；十三被視為不祥的數目，大家都設法避免用它。這一類事例，在人類生活中是非常多的。

由于概化、擴散、和象徵等作用，使環境中引起情緒的事物，大量增加。換句話說，以焦慮及忿怒而論，使我們就憂和生氣的對象增加了。而其中很多是沒有危險或對我們不具若何威脅作用的。

情緒的困擾

由於情緒活動時的行為常是具有衝動性，在文明的社會中，乃不很鼓勵人們「感情用事」，而希望大家在「修養」上用些功夫，減少情緒的活動。事實上對個人而言，這也是有其必要的。我們已知情緒是促使個體進入興奮緊張的狀態，過度的激動，使個體消耗太多的能

量，也不是很好的辦法。如是大家都倡導「情緒的控制」。祇是一般所謂控制，是採取禁抑的方式，通常不容易獲得理想的效果。

對于情緒行爲有意識的禁抑，心理學上稱之爲「抑制」（ suppression ）。當事人在某種情境之下，有恐懼或忿怒的情緒反應，但他又認爲在當時情境中，不應當或不宜有那種表現，如是他乃努力抑制自己，裝出平靜若無其事的態度，使別人不致覺察出他內心的反應。但是這祇是使情緒隱藏不顯而已。他內部生理的變化仍然在進行，這些變化的影響依舊存在。而且抑制的作用有時難于完全，旁人常還能察見當事者是在強自鎮定，或者故作歡笑。

有些人爲了避免情緒的反應，就索性遠離或規避某些有關的刺激事物或情境。這也就是一般所謂「眼不見，心不煩」的辦法。比如避免含有競爭或比較意義的場合，以免感受可能失敗的憂慮；不閱讀某些書刊，以免看到和自己意見相左的文章，而感到忿怒；甚至有人不去作體格檢查，怕的是萬一查出病來，沒有勇氣去對付。應用這種辦法的人頗不在少數，但它之沒有實效，是很明顯的。逃避並未解決問題，甚或會因未作處理而愈趨嚴重。另一個不良的後果是：由于規避的趨向，將使自身所接觸的範圍因而縮小，對于四周的環境，就將缺少完整的認識了。

有時候當事者對于自己禁抑情緒反應的作用和過程，可能並不自覺，心理學上稱這種作用爲「壓抑」（ repression ）（ 我們應注意的是：有意識的「抑制」和無意識的「壓抑」，並非能截然劃分清楚的 ）。精神分析學者特別強調「壓抑作用」。佛洛伊德氏就認爲我們的夢境和一些異常的行爲，都是被壓抑的衝動或情緒之活動結果。他的意思是說：被壓抑的情緒反應，並未曾消滅，仍在企圖表現；但因其爲意識所不容，就改頭換面，以僞裝的姿態出現，乃形成日常所謂不健全的適應行爲。一般心理學者雖不完全同意佛洛伊德的理論，却也都認爲壓抑不是根本處理情緒問題的好辦法。

我們不必引用複雜的行爲來說明抑制或壓抑的不良後果，祇要以

最常見的「情緒轉移作用」爲例，就足以察見其欠妥之處。當人們對
某一對象有了念怒的反應，而又認爲不妥時，就禁抑不發；嗣後却將
那股怒氣發到另一個對象上去。我們稱此爲「遷怒」現象。有人在辦
公室受了上司的氣，回家責打子女；有人在家裡受了太太的氣，上課
時去責罵學生；還有將對自己的念怒，發到一個不相干的人身上，讓
那個人做了代罪的羔羊。這種轉遷作用，常可能是在不完全自覺的情
況下表現出來的。這類行爲對當事者和別人的關係，是極具破壞作用
的。

情緒的控制

　　心理衞生學者不鼓勵人們去無限制地抑制自己的情緒反應，也不
認爲壓抑是適當的方法；但却同意我們對于情緒作用有適宜的控制。
控制並非禁抑情緒作用的意思，相反地，乃是要使情緒有適當的表現
，而祇是控制不適宜的情緒。
　　情緒控制的第一步，就是必須承認某種情緒的存在。例如有人懼
怕黑暗，若要除去這種反應，先得承認他對黑暗有懼怕的心理；如果
他認爲那是可羞的事，而不願意承認，不肯向自己承認，那麼他就將
無法去克服那種恐懼。同樣有人若對某些人懷有念怒之心，而又不能
承認有念怒的存在，他將無從消除那種念怒。對于其他的情緒，也是
如此。
　　在當事者能承認有某種情緒存在之後，第二個步驟，就是去發現
產生該項情緒的原因，弄清楚究竟爲什麼會有恐懼的反應，或是會有
焦慮的反應。這樣一來，我們就更容易自己察見情緒反應的適宜性。
換句話說：我們就有機會看清自己所懼怕的事物，是否確實具有危險
或威脅作用？看看那些令我們念怒的對象，是否果眞「妨害」當事者
任何動機方面的滿足，或是的確具有某些缺點；假使這時我們發現那
些情緒的對象，並不「可怕」或「可憎」，恐懼（或念怒）之心，就

會立刻冰釋了。

如果發現某個情境確是具有危險性，這時第三個步驟就是尋求適當的途徑，去克服那種危險，或是躲開它。這時當事者得對其所懼怕的事物，細作分析，設法去瞭解其所具危險的性質，危害的程度，和可能防護的途徑。初上戰場的士兵，聽到炮聲就有驚慌失措的情形，有經驗的則不如是。戰爭時從前線回來的人說：當他們聽到炮聲時，常能立即判斷敵人所用武器的種類及其威力，因而知道自己所在位置的危險程度，乃可採取適當的防護措施；所以他們並不怎樣害怕。也就因為大家知道當時情況的實際危險性，才得以避免無謂的傷亡。恐懼的情緒使人採取了建設性的安全措施，而那些安全的措施卻正幫助我們消滅或減少了恐懼。

健全情緒生活的培養

情緒既是健全生活中不可缺少的一面，我們就得努力來培養比較適宜而健全的情緒行為。除了前述的情緒控制之外，尚有幾個積極的措施是很有裨益的。

第一是培養幽默感　幽默感是極有助于個人適應的工具。當一個人發現一種不調和的現象時，他一方面要能很客觀地察見面前的事實，同時又要不讓它使自己陷于激動的狀態，最好的辦法是以幽默的態度去應付，往往可以使一個本來緊張的情況，變得比較輕鬆；使一個窘迫的場面，在笑語中消逝。達欽及艾佛南（E. S. Dworkin & J. S. Efran）二氏發現在引起忿怒的實驗中，幽默顯然有減低忿怒和不安情緒的作用。不過善于幽默的人，通常總設法避免取笑別人，以免使人受窘；有時他寧可把自己當作取笑的對象，來鬆弛整個的場面。因之富有幽默感的人往往也是自我防衞較少的人。

我們並不是祇運用幽默去應付某些臨時的場合，而是要能更進一步培養輕鬆的態度，以期常能從日常所接觸的事物中，發現它們輕鬆

的一面。這種態度是可以因訓練而獲得的。例如電話號碼原不過是幾個簡單的數字，有時却可以拼湊成爲有趣的東西。友人某甲常調侃某乙，稱他爲身無長物的窮光蛋。人問「何以知之」？甲囘答說：從某乙的電話號碼知道的。乙君電話爲一九七三四六，每兩位相加均爲零，自然是窮光蛋了。同樣地，人名地名也常可用爲笑謔的材料。仔細觀察，四周有趣的事物原並不少。常能以這種態度看這世界，本身的情緒也將可鬆弛些。

　　其次是增加愉快的生活經驗　　生活自將包含各種滋味的經驗，喜樂辛酸都是會有的。對個人的心理健康來說，自宜多有正面的、愉快的經驗。這倒不是說我們要逃避那些含有辛酸的情境，有時那是不可避免的。不過我們却可以設法增加生活中的情趣。比如我們知道工作成就可爲人帶來喜樂與滿足之感，就可以爲自己安排較切實的工作計劃，改善自己的工作環境，使自己不時可以看到工作的成果及其進步的徵象。我們知道與友朋交往是一種愉快的經驗，就可以安排不時和知己們聚首，或作些集體性活動，使大家能體會彼此支持和關切的情誼。此外還有適度的身體運動，各種消遣和休閒的活動，也都是有益身心，而且能陶冶性情的。我們若能在這些方面妥作安排，將可使生活中充滿積極而愉快的經驗。這樣就偶爾遇到橫逆的事件，或將也不致激起強烈的情緒反應。

　　第三是使情緒獲得適當表現的機會　　情緒既是人們生活的一方面，就當使之有適當表現的機會。無論喜怒哀樂憂懼，正常人也均有之，不能也不必皆予以抑制。有人在激動的時候，做些需要體能的活動或運動，這可使因緊張而動員的「能」，獲得一條出路。有人在情緒不安的時候，找要好的朋友談談，傾吐胸中抑鬱；把話說出來之後，心情會平靜許多。有人願意找那些曾受專門訓練的人——如精神科醫師、心理輔導人員、牧師或神父等，來討論其情緒方面的問題，由于這些人都知道尊重當事人的秘密，所以常更能減除當事者的顧慮。有些人則利用文字、圖畫或音樂來發洩其情緒，通常稱之爲昇華作用

，也不失爲良好的方法。有人藉旅行遊歷來使自己離開那容易引起激動的環境，避免心理上的紛擾；等到旅遊歸來，心情不復緊張；同時事過境遷，原有的問題或已不復存在了。

　　第四學習從光明的一面觀察事物　　任何一項事件，如果能從不同的角度去觀察，就會給予你不同的印象。很多表面看去像是引人生氣或悲傷的事件，如果從另外一個角度，另一個觀點去看，常可發現些正面的積極的意義。筆者有一位學生，一度報考公費留學落第，當時他頗爲沮喪。後來筆者安慰他，指出稍緩一二年出國，正可先在國內充實在基本學科上的準備，也有機會對進修的方向愼作考慮，正有如塞翁失馬，安知非福。那位同學想了一想，也覺有理；如是振作精神，安心讀書。兩年後獲獎學金出國進修，現已學成返國服務，在其專門學科上頗受人重視。他曾告訴筆者：他延遲了兩年出國，不但沒有吃虧，反而因爲自己在各方面比較成熟，學習的效率提高，減少了不少困難。如果他當時困于沮喪，就將一蹶不振了。

　　總之，情感的作用是我們行爲重要的一方面。它使得生活中的經驗顯得更有意義，更有趣味。我們要學著對於自己所遇見的事物和情境，表現適當的情緒反應。讓它來激發我們的力量，在工作上獲致更多的成就；也讓它來提高我們的警覺，採取有效的步驟，應付困難，避免危險。但是我們要避免受情緒的困擾，不要讓它妨碍正常的適應。因之健全情緒行爲的培養，乃是一個十分重要的課題。

6

樂觀的態度

　　你一定有過這樣的經驗：在夏天的傍晚，躺在校園中草地上，看天邊的雲彩。落日餘暉裡，那些雲堆隨風飄捲，一會兒像個少女，一會兒像個老頭；有時前後重疊，儼然是亭臺樓閣；有時四面展開，恰似一抹青山。變化無窮，煞是好看。現在你可以做一個相類似的玩意：拿一張白紙，滴上一滴紅墨水，然後將它對折起來，用手輕輕按摩，讓那滴墨水散開。待會兒墨水乾了，再將紙展開，上面就有了一塊紅色的墨水漬。當然它不會像任何東西，也沒有什麼意義。可是你若是拿給別人看，你會發現他却常能從那個墨水漬裡，看出好些東西來。

　　也許有人會告訴你，那塊墨水漬有點兒像花。春天陽明山的杜鵑花開了，漫山一片丹紅；枝芽交錯，正是這般姿態。你看看他說的還真不錯，那紅墨水漬果然嬌艷如花！

　　也許另一個人會說，那個墨水漬有點兒像火。童子軍露營的時候，晚上常舉行營火。火光熊熊，正是這般模樣。你再看一下，似也不錯。紅的墨水漬輝耀奪目，竟是有些兒像一團火。

　　也許還有人會告訴你：那塊墨水漬有點兒像血。若干時日以前一輛遊覽車從山岩上掉到深谷裡，很多人受傷了，臉上衣服上全染上了血跡；紅色斑斑，就是這個樣子。你側目一看，說也奇怪，那塊紅墨水漬也真有幾分像血！

　　那一張墨漬圖片是你親手做成的。你當時並無意將它做成什麼事物，或加上任何意義；然而人們却能從那上面看出各種不同的東西來。有人將它看成花，花是美麗的，可愛的；有人將它看成火，火是熱烈的，但却也是危險的；有人將它看成血，血是悲慘的，看來不愉快的。同一塊墨水漬，竟會引起如此不同的反應，也許是你始料所未及的。值得注意的是那些「可愛」和「不愉快」的情調；它們是從那兒來的呢？墨水裡本來旣沒有情感，你在製作墨水漬時又不曾放進去什麼，那麼後來被看出來的情緒色彩，一定是來自看圖的人了。在看那墨水漬的時候，由於某種原因，有的人心情愉快，有的人精神緊張，有的人則或帶了幾分抑鬱的情感，他們的反應就隨著各人當時的情感而有所不同；也可以說他們是將自己內在的情感，投射到畫面上，然後再連同那墨水漬一道看入眼裡，將它看成某一樣事物。

　　事實上我們在觀察四周環境中任何事物時，也都是如此。我們並不是完全被動地接受外界的刺激，而是會依著各人當時的心情和經驗，將它們加上某意義和情感色彩，再把它們看成某種形態。心理學上稱之爲投射現象。人們常說：你若是戴了藍色眼鏡來看這世界，所有的事物都會是藍的；若是戴了灰色眼鏡，一切的東西看來就全是灰色了。事實上我們是永遠「戴著眼鏡」的。這個世界上景物的情調，對你來說，是常隨著你的心情而變化的，正和那墨水漬一樣。因此當你高興的時候，你會覺得整個宇宙都在爲你歌唱；而當你不愉快或悲哀的時候，你就似乎看萬里山河都在嘆息了。古人的「感時花濺淚」之句，正說明了這個現象。

樂觀和悲觀

　　這一個世界，對那些樂觀的人來說，是充滿了光明和希望，大多數的事情都相當美好、可愛；而在那些悲觀的人眼裡，却是充滿了荆棘和危險，無論什麼事故，都祇能引起他的恐懼和悲哀。我們平日或

會認為這種差異，定係由於各人所處的情況不同所致。但我們却曾看到好些人在窮困患難之中，仍然不改其樂；而另一些人則雖處於頗為優裕的環境，却終日鬱鬱寡歡，有如大難之將臨。這就可以讓我們看出客觀的環境並不是決定樂觀或悲觀的主要因素；個人主觀的態度，實有更重要的影響。

宋朝有三位詩人，在其詩句中寫到黃梅時節的氣候時，所描繪的彼此互不相同。司馬光在有約中寫的是「黃梅時節家家雨」，而曾紆在其三衢道中却說「梅子黃時日日晴」；最有趣的是戴復古在夏日中用了折衷的筆調，寫下「熟梅天氣半晴陰」。小時候讀到這幾句時，曾叩問塾師，究竟誰寫的正確？塾師笑責說：「要你讀書，誰叫你去研究氣象？也許他們一個是住在多雨的地方，另一個是住在常晴的處所哩！」

十幾年前，中部某大學初創立時，幾位朋友在那兒教書。假期中北來遇見，談起那邊的環境。一位朋友說：「那邊環境可真不好！刮風時塵土蔽天，下雨時泥濘載塗；不方便極了！」另一位朋友却說：「那邊環境實在不錯，空氣新鮮，天晴時滿屋子全是太陽，看上去挺痛快的。」這兩位朋友所居是相同的環境，但一個似乎祇看到那邊的疾風陰雨，另一個却好像只見到那兒的麗日晴天。兩人所說的都是事實，祇是每人都好像忘記了、或者沒見到另外的一半。這讓我想起前面所說那三位詩人對黃梅天氣不同的描寫，大約也是同樣的原因。風雨陰晴的變化，是任何地方任何時代都有的，也是任何人都會經驗到的；但由於各人主觀態度互殊，心理上的反應也就截然兩樣了。同樣地，在生活的旅途中，有順境也有逆境，有歡樂也有憂傷。不過有的人容易看到其中的某一面，另一些人則好像祇記住另外的一面。

樂觀的人常會看到生活光明的一面。他對前途存有希望、有信心，時常懷著輕鬆的心情，努力前進。一路上摘著成功的果實，隨時又加添他的喜樂與勇氣。他並非完全沒有遇到過困難或挫折；但他總覺得黑暗之後，太陽會再升起來的。因之他能耐心地應付著困難，追求

更大的成功。悲觀的人却正好相反，他只看到生活中黑暗的一面。他對于前途不存半點希望或信心，經常是懷著沈重的心情，像是背負著千斤重擔似的，傴僂前行。偶然遇到失敗或阻碍，更會增加他的憂傷和恐懼。他並非沒有成功的經驗，但那不能使他感到滿足，他常覺得喜樂祇是憂愁的前奏，團聚時的歡欣不過徒然增加分離時的痛苦而已。因此他對于任何事都不感興趣，而讓歲月在長　短歎中消逝，生活對他是一個苦杯。

　　我們並不是要祇看生活中美好的東西，而否認其中也有痛苦和困難；或者在遇到不愉快的事物時，就掉過頭去，裝做沒有看見，這種逃避的態度，是不健全的。小孩子半夜醒來，聽到某些聲音，好像是小偷進來了，他常會將頭鑽到被窩裡去；傳說中的駝鳥，也常在遇到敵人時，把頭埋到沙裡；好像祇要不去看它，困難和危險就都不存在了。這種方法之無補于事，是不待說而自明的。我們無意鼓勵你採取這種態度。

　　我們也不是要你在遇到困難或挫折之時，強作歡笑，裝做毫不在乎的樣子。這也祇是逃避的另一種形式而已。精神病中有一種是稱爲狂躁症的，患者終日唱歌舞蹈，高談闊論，不時縱聲大笑，若有無限歡欣似的。其實他不過在運用歡樂的行爲，去掩蓋他內心深處的憂慮和痛苦而已。今日世界上那些整日沈溺在歌場舞榭、酒綠燈紅裡的，不少是在麻醉自己的人。這自然也不是健全的態度，我們無意勸你走上這條路。

　　再囘到那張紅墨水漬片上去。假使有某個人對它的第一個反應是「血」，你若再問他：「它是不是也有點像花呢？」或是說得肯定一點：「別人說它像花，紅的杜鵑花或玫瑰花，你再看看！」這時多數人常會同意：「不錯，也有點像花！」換句話說，他們也能學著將同一張墨漬片看成愉快的東西。這正顯示宇宙間若干事物的美和醜，並不是十分固定的。固然或也有一些東西是完全美好的、可愛的；或有一些是完全醜惡的，可憎的；但多數東西的意義和價值，却不是絕對

肯定的。

很多看來像是令人不快的事物，你若仔細觀察，常能發現一些新的意義和價值；你若從換一個角度去看看，常能看到一些新的面貌和形態。灰塵該是極令人討厭的東西了，但若沒有它，空中能缺少反射陽光的顆粒，這個世界也許會變成另一個樣子。黑暗也是人所很不喜歡的，但是居住在接近北極地帶的人們，每年夏季卻要在屋子裡掛上雙重窗帘，製造「黑夜」，以期更適於休息。自然在那一段日子裡，霓虹燈是會失去它的光彩的。今日人們所不喜歡的事物，也許在不同情況或若干時日以後，由於知識和經驗的增加，它們的意義和價值會被重新估定，我們對之要另眼相看的。就是現在，你若取下主觀的眼鏡，好些事物會變得順眼些，可愛些。

樂觀的態度是可以學習的

也許有人要問：一個人是不是生下來就是樂觀或悲觀的呢？關於這一點，頗難直接作答，因為我們尚不完全知道那些品質是否與生俱來的。但是我們卻可以肯定地說，樂觀的態度是可以培養的，可以學會的。下面說明幾項有助的途徑。

㈠我們要經常和四周的環境保持良好的接觸，儘可能去認識它、瞭解它；而且要以一種開放的態度，去觀察、解釋所接觸到的事物及現象。

所謂樂觀的態度，並不能憑藉自己的幻想去粉飾一切，而是要以客觀的情況為依據。若干引起焦慮或悲觀的情境，常是由於我們對它缺少瞭解的緣故。所以我們應當儘可能和四周的環境（包括物質環境和社會環境）有良好的接觸，對其間的現象，尋求合理的瞭解。最近一位朋友，聽到醫師說他可能患有慢性闌尾炎，或需外科手術治療，而極感不安。他知道筆者和那所醫院負責人熟識，要求為他介紹，以

獲得「特別」照顧。他所躭心的是：可能被當作「實驗品」，供沒有經驗的實習醫師「宰割」；可能會被不必要地送上手術台……這位朋友是一位學有專長的教師，祇因不瞭解醫院中實際工作的情況而有了那些憂慮。筆者爲他詳細說明有關的事項，並爲他介紹了一位外科醫師，他才安心去就醫。類似這樣的情況是極爲常見的。

　　僅是和外界有接觸，並不一定就會瞭解它。因爲我們並非對眼前的東西，都能「看到」或「聽到」，而往往是祇看見或聽見自己所準備看（或聽）、所願意看、或所喜歡看的東西。很多東西雖明明就在近邊，却常會「視而不見」、「聽而不聞」的。我們的網膜上有個盲點，因該處沒有視覺接受細胞，所以影像剛巧落在那兒的物體，是不會被看見的。但是碍事的却是我們心理上的盲點，由于心理上的因素，把好些事物排除在知覺範圍之外，這樣自然會妨碍我們對于外界的接觸和瞭解。因此我們要學著採取比較開放的態度，來觀察事物。

　　記得民國四十一年時初度遊美，在紐約住了些時。友人約往參觀「近代美術陳列館」。筆者第一個反應是：「對現代美術毫無瞭解，也不感興趣，因之不準備前往」。那位朋友正色說：「正因爲對它不瞭解，更該去看看；也許在稍有瞭解之後，你會對它發生興趣的」。那一次參觀，由于有行家指點，對筆者確有極大裨益！不但有機會欣賞很多極美好的藝術品，也改變了個人對現代美術的看法。更重要的乃是讓筆者領悟到若干時候自己所採取的態度，是「關閉性」的，而不是開放的。由於過去看到一兩幅所謂現代畫，沒有太多好感，就對整個現代美術採取「關門」的態度；連對舉世聞名的美術館，也幾乎「過門不入」，不肯去增加見識，說來是很可笑的。但是很多人却常有這樣的態度，而不自覺。「正因爲對它不瞭解，更該去看看」，這確是一句金石之言。筆者受益之餘，也願將之轉贈青年朋友們。

　　在觀察外界時，最難得的是先以平靜的心情，耐心作詳細的觀察；先丟開主見，不求迅速作結論（自更不宜預作結論）。這樣常可把眼界放寬，可以「看到」較多的事物了。

　　㈡**我們要學習從多方面去觀察事物；訓練自己不時移動位置，用多種方法去體認各樣事物及現象的意義，而不使自己拘限在某些狹隘的範圍裡。**

　　善于攝影的人，不祇會適當操作照相機，使照相時的快門和光圈調節得宜，而且會選擇最合宜的距離和角度，使景物在其所拍攝的照片裡，構成最完美的形像。我們都知道同一件事物，由不同的位置、角度去觀察時，會得到完全不同的印象。但在平日生活中，却時常忘記了這項簡單而基本的事實。

　　從心理學的觀點，這個現象是並不難于瞭解的。我們希望四周的事物，有比較固定的形像和意義，那將使我們較易于適應，也會增加個人的安全感。我們可以用一貫的方式或態度去看待它，去應付它。若是它的形像和性質隨時改變，就將使我們感到難以應付了。而在另一方面，我們又知道移動觀察位置將會造成新的形像，如是就常會固定自己的位置，不肯移動觀察的方向或立場，以保持事物在我們心目中的形態，使我們覺得安全些，舒服些。可是這樣一來，有時就可能看不到事物的全貌，而我們根據本身所獲局部印象所表現的反應，就不一定適當了。

　　一般人總把「成功」看作美好的事，把「失敗」看成挫折或打擊，如是在各樣事上獲得了成功時，就將有滿足與歡欣的感覺；而當在某些方面遭遇到失敗時，就將有沮喪甚或抑鬱的反應。但如果我們從另一個角度去看，卽能發現失敗不是完全無益處的經驗。比如在科學研究的過程裡，失敗的嘗試是十分被重視的。它雖然不曾使研究達到預期的目標，却發現了一件重要的事實：就是研究者所用的方法，或是他所依據的假設有問題；以後他就知道不再採用那個方法，同時其他研究者也可以避免再蹈覆轍。這就等於把研究的里程推進了一步。科學研究史上很多實驗是經過千百次失敗的嘗試之後，才獲得成功的。其中每次失敗對整個研究都有它的貢獻，並不是完全浪費的。所以有人認爲在科學的研究中，祇有進步，沒有失敗；因爲失敗也帶來了

進步。一般人對「失敗是成功之母」這句話，常不能心悅誠服地接受
；實則若肯平心靜氣地想想，就不難領悟個中眞諦了。

　　同樣地，生活中的逆境，常是人們所歎息、所詛咒的；但對很多
人來說，逆境却發生磨鍊激勵的作用，增益了他原所沒有的能力，所
以孟子認爲逆境乃是天之將降大任於斯人的先兆。處逆境者若有這種
想法，當不會終日抱怨自己命運多舛了。

　　前幾年英國的中學田徑賽裡，一名十七歲的青年獲得跳高冠軍，
當電視上播映出他的照片時，很多觀衆爲之愕然，原來那位青年竟只
有一條腿！獨腿居然獲得跳高冠軍，那位青年所下苦功是不言而喻的
。但若他是好好地有兩條腿的話，說不定他永遠不會下那麼大的苦心
練習跳高，而無從在這方面出人頭地的。

　　我們若能學著由多種角度去觀察事物，就常能發現平日被認爲「
不甚如意」的事物或經驗，還有另一些意義，另一些作用，不全像一
向所認爲的那麼「醜惡」、「可怕」。同時也將發現其他的事物，也
有了更多的意義，因而刷新了你的視界，也或會更新了你的若干觀念
。雖然你所居處的環境依舊，但其中各樣事物的意義，却在不斷地更
新；整個生活也將隨之而更加豐富了。

㈢我們要訓練自己接受客觀的事實，進而採取有效的步驟去作適應；作最大的努力，永不失望。

　　前面說過：「樂觀者」並不是逃避現實，也不是掩飾困難，而是
要很客觀地、正確地認識其所在的環境；而且要從多方面去瞭解它。
在這種情況下，你發現了什麼，就得接受什麼，承認那個事實；不論
它是美好的或是醜惡的，是有利的或是有害的。這就是一般所謂「正
視現實」和「面對現實」的意思。

　　自然僅是有了正確的認識還不夠，我們得採取適當的方法去適應
。不過「正視」的態度是十分重要的。正視的要點是有什麼就是什麼
，而不先抱定某一種成見，或是戴上某種顏色的眼鏡去看它。說得再

淺顯一點，不要先存著恐懼或憂慮的心理去迎接未來。因為如果你那樣做，就會像前面所說的，把你本身不愉快的心情，投射到外界事物上去；而且由於本身態度的過濾作用，使凡與之不符合的印象受到排斥，而不為你所感知。如是眼前的世界就呈現出一片灰色，而無其他了。

「面對現實」也就是「兵來將擋，水來土掩」的態度，針對著所發生的問題，尋求有效的應付方策。這一種準備採取行動的態度，就常足以消除一些恐懼的心理。過去有兩位學者詹姆氏（William James）和蘭格（Carl Lange）在解釋情緒反應時，提出了與眾不同的理論。一般人總認為人在恐懼時會逃跑，在悲哀時會哭泣；但詹蘭二氏卻以為是因逃遁而恐懼，因哭泣乃覺悲哀。此說曾在引起爭論之後被否定。但是近年研究者發現情緒的感受和對於當時身體情況的認知是有關係的。研究者曾給某些被試注射腎上腺素，以引起體內緊張情況的各種反應（如心跳增加、血壓升高、呼吸迫促等），此時被試若見到四周的人有恐懼的表情，他也會覺得害怕；他若見到別人在生氣，他也會覺得憤怒。所以當事人如果有了堅定不屈的姿態，內心的疑懼將無從產生；而他也能鎮靜地應付其當前的困難。

我們對外界的反應，可以受別人暗示的影響，乃是大家所知道的事實。小孩子走路時摔了一交，他原不覺得很疼，也不一定會啼哭。但有時在旁邊的母親慌慌張張地跑過去，將他抱了起來，他反而大哭起來。母親緊張的表情，暗示著小孩是受了痛苦，或是受了損傷，因而加強了他的反應。催眠者就是利用暗示作用使人入睡的：他在取得被試者的信任之後，然後給予他暗示：「你愈來愈疲倦了，眼皮愈來愈重了，你快睡着了！」這樣反覆暗示，被試者果然覺得疲倦欲睡，眼皮沈重，最後就入睡了。

暗示不一定來自他人，也能來自本身，那就是所謂「自我暗示作用」，對當事者的行為，照樣可以發生影響。有些人由於某種原因，對于自己在一件事上的「成功」或「失敗」，先有某種預期的態度，

後來經常會有應驗的結果。其實那並不是他具有未卜先知之明，祇是由於自我暗示的作用。

一般有經驗的醫師，都深知道「自我暗示」的作用，是好些患者致病之因；同時也時常影響患者康復的情況。如果病人認為自己會痊癒的話，常能增加其復原的機會和速度；反之，則可能有負的效應。一位著名的外科醫師曾述及這樣一個病例：某患者接受肺葉截除手術，手術經過甚為良好，醫師認為他定可順利復原。但到半夜忽然發生內出血現象，施救無效。醫師甚感困惑。但當次日巡視病房時，與死者同室病人談及，那些病人都以為那位患者之死並非「意外」，因為死者在到手術室之前，曾將若干個人事務托付與其病友，好像是囑托後事一樣。這些事例看來像是有些神秘，其實並不難解釋。當一個病人對自己的病況存有樂觀的態度時，他的心情平靜輕鬆，其身體各方面也呈現最正常的狀態，常能使醫療措施，易於發揮其效果。所以現代化的醫院裡，常設法在病室中製造一種安靜愉快的氣氛，使病者產生「我會快快復原」的心理，以增進醫療的效果。

預言自動實現的原則

社會學者麥騰氏（R. K. Merton 1948 ）曾經提出「預言的自動實現」原則。意思是說一般「預言」常有一個自動促其實現的傾向。前面所說的病例是很好的證明。這並非鼓勵人去相信預言或「預感」的神秘作用，相反地，却正是要揭開所謂「預言」之謎。比如某人晨起偶然右眼跳動，而他又相信「右眼跳災」的說法，如是他就緊張起來，準備著有禍事到臨。果然在喝茶時打破了一隻杯子或是在出門下台階時滑了一跤，「預感應驗了」！其實這項「災禍」的發生，乃是由於當事人因「就憂出事」，心理緊張，以致一般的行為動作，都不能像平時一樣地輕鬆自然地進行，因而造成失誤的機會就大為增加了。再說打破茶杯和走路滑跤這類事，偶然發生的機會也並不小；

不過人們不曾給予他太多注意，事過之後隨即淡忘了。但是記住「右眼跳災」這句話的人却並不如此。他會在整天生活裡「去找」那與其預感相符的事。如是連一些偶發和毫不重要事件也紀錄了下來，就連打破茶杯這種小事也被看災禍了。再有深一層的解釋：相信眼跳兆災的人，對那未來的災禍，甚爲恐懼；因爲未發生的「禍」所具有的威脅性，比已經發生的禍事的威脅性要大得多。如是他會有意或無意地製造些小災禍，使預感「應驗過」了，而可不必再爲之就憂。（事實上有人眞故意地這樣做，比如在「眼跳」之後，故意打破一只茶杯，以防更大的災禍出現），這樣更在帮助預言增加其應驗機率了。

麥騰氏所提示的原則，也可以應用到人間關係上。意思是說當我們懷有某種「成見」去看人時，這種態度常將促使對方表現我們所「預期」的行爲，會使對方扮演成我們所「希望」他扮演的角色，讀者仔細想想，當不難體會其意。

這並不是說你若懷著愉快的心情去工作，就不會遇到困難或失敗了。個人主觀的心情，並不能影響到外界事物的實質；正如你不能變雨天爲晴天，不能變窮困爲富有一樣。但是樂觀的態度可以使你不討厭雨天，不害怕窮困；如是那些情境不致使你困惱而降低你的工作情緒，而你乃有機會充分運用你的智慧與能力，去應付面前的問題。

生活的態度並非與生俱來，而是習得的。每個人都可以學著建立正面的、積極的、樂觀的態度，學著去看人生光明的一面。我們既已來到這世界，就得走完這一段生命的旅程。那麼最好能學會用輕鬆的心情，大踏步前進，你當會發現這一路上有不少美麗的、有趣的事物。當你開始覺得有點喜歡這旅程時，你將會遇到更多美景。

這並不是空談。你只要挺起胸來，正視著前方，走上幾步後，立刻就會覺得肩頭上要輕了些似的。那麼就照這樣前進吧！同時把你內心的喜悅，投射到外邊來，美化這世界。

7

建立良好的人間關係

　　假使有人問：「人為什麼需要朋友？」很多人定會覺得那是個過于簡單、甚至於不屑於回答的問題。「人是社會動物，自然是需要和別人交往，建立友誼的關係的」。這大概是最普通的回答。這自然是對的，不過由於人間關係對我們太重要，我們若能對友朋的需要有澈底的瞭解，也許將對建立良好關係一點，有些幫助。因之筆者仍擬就人間關係的需要，簡作分析。

與人交往是社會化的必經之路

　　嬰兒自出生以後，就和人接觸。他依賴成年人的照顧，為他安排食物及其他所需要的東西，以及適于他生長的環境。同時嬰兒也一步一步地接受了成年人的影響，使自己的行為模式，配合環境的要求，而開始其社會化的歷程。在社會化的過程中，父母或其他成年人的訓練自屬重要；但是玩伴的影響，也是不可或缺的。因為玩伴之間的關係，是比較平等地位的關係。兒童在和玩伴接觸交往之中，發現某些舉動是玩伴們所喜歡的，那些活動就等於受到「獎勵」而增強其出現的頻率；他也會發現某些舉動是玩伴所不喜歡的，就將因為此負的增強作用而減少其出現的頻率。他雖尚不能判斷行為的「好」或「壞」

，但却已能看出玩伴對其行爲的反應，因而會逐漸調整自己的行動。年齡漸長之後，這些需要也更明顯。在青年期中，友伴的影響常可能超過父母和教師的影響；他們有時寧肯違反成年人的規定，而順著友伴的意見行事。

與人交往和安全感

我們都需要爲別人所悅納，這是促進安全感的主要因素。在兒童時期，父母的愛與照顧是悅納的象徵。被愛的兒童在確知自己是爲父母所喜悅的時候，他就能有較高的安全感和自信心。年事稍長和友伴們來往的，他也希望能爲友伴所悅納，他希望自己所具備的身心品質，包括身材、容貌、活動能力、智慧、知識、應付困難情況的本領……等，都能爲友伴所重視，所讚美；他希望能爲友伴們所接受，在友伴團體中有其適當的位置。某些青年把參加團體活動得得十分重要，他們會爲自己所屬的團體付出很多精力、時間、以至於金錢，來完成團體所交給他們的任務。也有些青年們由於某些原因，未獲得一般友伴們的悅納，就去參加了目的或活動性質不十分純正的會社。他們並非不能辨別邪正，但對青年人來說：能屬於一個團體比較無所隸屬要來得安全些。

與人交往有助于自我形象的健立

和別人交往也是青年人確定其自我形象的主要途徑。在討論「認識自己」的問題時，筆者曾經說明認識自己的重要性和自我瞭解的複雜性。由於我們不易於直接觀察自己，不容易知道自己所表現的行爲是否適當，不容易確定自己能力的高低，就必須藉別人對自己的反應作爲衡量的依據；將別人當作鏡子，把自己的形像反射出來。我們自幼年到青年時期，經歷了各種不同的事故，有些獲得了滿意的成就，

有些則或失敗了。我們也曾接觸過很多人，有些表現關愛和悅納的態度，有些則顯出輕侮或憎惡的反應。到了靑年期，就有一個淸理的必要，大家得弄淸楚一下：「我究竟是怎麼一個人」？「我究有些什麼長處，有些什麼短處」？「我究竟該做些什麼」？「究竟會有多少出息」？因此在這段時間，我們得和更多的友伴來往，和友伴有更親近的接觸，來吸收更多、更可靠的資料，使我們能找到對上述那些問題的答案，能確定自己的形像。把自己的樣子弄淸楚了，然後我們方知道怎樣的行爲，才是和本身情況相符合的行爲。

友朋爲表同的對象之一

　　與友朋往來還可以滿足一項需要，就是友朋可以成爲表同的對象。表同是把別人的行爲方式、態度、價值觀念等，吸收過來，納入自己的人格組織，這樣乃可使本身和該對象更相似一些。在兒童時期，父母是兒童主要的表同對象；在學校裡時，教師是學生表同的對象；到了靑年期以後，友朋也成了表同的對象。靑年們的服飾、行爲模式、語言、癖好等，大都是自友朋間模擬得來，而形成這一個發展階段的特色。這個現象在近年似乎更較明顯。因爲在工業化的社會中，生活的形態和四周環境的變化，都加速了步調。在靑年們心目中，父母和教師以至於一般成年人的思想和行爲都已定型，不能跟上這迅速變動的時代；如是乃不再以上一代爲表同的對象，而加強向友伴學習，希望能有把握地屬於新的一代。如是他乃得注意友朋們穿些什麼，做些什麼，談話的主題是些什麼，所崇拜的是些什麼人物，所看的是些什麼書，所愛看的電影，所喜歡聽的音樂……然後他可學著去做。他需要和友朋們來往，讓友朋們覺得他和他們是一群，也讓自己覺得：「我和他們沒有兩樣」。大家相互地模倣，相互地保證，相互地增強彼此心理上的安全。

　　自然友朋之間的互相幫助、互相合作，也是一個重要的事實。每

個人都各有其短長，有其精擅的一方面，也有他短拙的一方面，互相
幫助乃是十分必要的。特別是在今日社會中，好些事務都非一個人所
能應付，所能進行，獨立製作的事物已不多見；獨立經營的業務根本
無法存在。每個人都必須努力去和旁人合作，把各人的知識、專長和
經驗融合在一起，才有希望獲得一些成就，這也是人們必須相互交往
的一個原因。

有些人甚至認爲「與人交往」或群居可能是一種天性，因爲這種
行爲是普遍地存在於所有文化環境之中，不受任何特殊環境因素的影
響。不過稱之爲「天性」，並不一定就提高了它的重要性。我們祇要
對這種行爲和人類生活的關係有充分的瞭解，進而知道如何與他人建
立健全的關係就行了。

健全的人間關係之基礎

由于近數十年來大家對于人間關係甚爲注意，有很多書籍或文章
就以此爲題，出來應世；其中不少以通俗讀物的形式出現，給世人介
紹一些增進人間關係的技術。一般說來，這類讀物都是有益的。不過
筆者不十分喜歡「技術」這兩個字。若是我們對人間關係的基本原則
未能瞭解，只是重視「技街」，也許是舍本求末，無補于事。例如在
通俗的讀物中常提「稱讚別人」是一項有效的「技術」，但是「讚美
」若是不以誠懇的態度出之，或者只是希望別人替自己做些什麼，那
麼它只會收到反效果的。因此筆者主張在討論人間關係，儘量不以「
技術」爲重點。在中文裡，「術」字含有操縱和控制的意義，健全的
關係裡應避免有操縱和控制對方的企圖。相反地，我們要能把握住幾
項重要的原則：

第一：我們應能瞭解彼此的權利和責任

與人交往時，宜先認識人與人的關係是相互的。甲的行爲，對乙

具有刺激作用，將引起乙的某些反應；而乙的反應，對甲又有刺激的
作用，而會影響甲的行爲。所以友朋實是各個人生活的一部分，是相
互依賴著的。所以「己所不欲，勿施於人」這句話，眞是至理名言。
使別人陷于不利的情況，就等於間接地增加了自己的困難。如果從正
面來說：我們當「愛人如己」，更來得積極些。

　　現代的人都推崇「民主」的觀念，但不一定知道「民主」的眞諦
是尊重每一個人，讓每個人都有權利爲他自己活著。這就是說我們應
把每個人看成和自己相等的人，像尊重自己一樣地尊重他；而不把他
看成自己的「工具」，把別人當做滿足自己需求的事物。我們應能記
住：別人也具有和自己相同的需要。我們需要愛、需要友情、需要獲
到別人的注意和讚許、需要達到某些目標；旁人也正相同。合理的關
係是要使雙方都有機會滿足其需要。

　　這種瞭解是雙方都應當有的。「互相」這兩個字實在太好了，就
是雙方都同樣地對待對方。彼此都有所「施」，彼此也都有所「受」
，彼此都努力去增進相互的關係。我們在兒童時期，對於父母或其他
成人可以採取依賴的態度，站在完全接受的地位。但在成年以後，對
于自己與他人的關係，就得分擔一些責任，使之成爲一種和諧而愉快
的關係。

第二：我們對自己宜有適當的瞭解

　　每個人所表現的行爲，都和他對其本身的瞭解有關係。如果他認
爲自己有表演的才能，他就會找機會在人前顯露一下；如果他覺得自
己沒有領導的才幹，他就會樂於做一個「群衆」接受別人的指揮。對
自己的瞭解愈明確，他所表現的行爲將愈適合其本身的情況；他的表
現也會愈自然，愈能給予旁人一個正確的印象。同時旁人根據那些印
象來與他交往時，將不致引起什麼困難。對自己來說，對本身有一個
明確瞭解之時，他等於有了一個內在的準繩；儘管在不同的情況之下
，他還能表現頗爲一致的態度與行爲模式。別人也就知道該怎樣和他

來維持適當的關係。

　　每個人偶或會有一些意念是不十分光明正大，和自己的道德標準不是完全相符的。比如偶而會想支使別人做事，自己省些氣力；或是想搶在別人前面，抓住較好的機會。這都沒有太大的壞處；祇要我們對自己誠實，而且能在適當的情況下，自知節制，就不會有嚴重的影響。有些人不肯承認自己有「想佔便宜」的動機，捧出另一些冠冕堂皇的理由作爲僞裝，和別人相抗爭。其實別人也常不難看穿這套把戲，因爲他也曾那麼想過的。裝腔作勢，除了損害雙方的關係之外，別無好處。所以我們總是說：愈能瞭解自己，愈能接受自己的，愈容易和別人相處。

第三：我們要能客觀地瞭解他人

　　好些人都自詡有知人之明，事實上眞正對他人作客觀的認識，不受主觀態度的影響，也是需要訓練的。我們平日和別人相接觸時，很多「印象」並不是依據客觀事實獲得，而是間接推想而來的。最普通的情形，是來自下列幾方面的資料：

　1.根據對方某些個人資料，如籍貫、宗教、職業、種族等，而依一般的「印象」來推斷——過去國人對于某些地區的人，是存有一般性的「正」「反」印象的。筆者多次在聚餐場合中，和初次相見的朋友交換名片之後，對方常會很有禮貌地將桌上的辣椒碟送到筆者前面來。筆者十分感謝那種友好的態度，而常得忍住一句話：「我是不吃辣椒的湖南人」。我們發現對方是屬于那一地區（或其他分類符號）時，常會將心目中那一地區的人所具有的品質全放到他身上去；而沒想到那個地區的人並不都是同一模型所鑄造出來的。

　2.根據對方的一種品質，來推斷其整體的情況——這就是「以偏概全」的現象。寵信部屬的人，常因對方在某方面表現了令他滿意的行爲，就認定他在其他方面（包括工作能力和品德）也會有同

樣的表現；也有些人在發現對方有一種品質稍欠完美之後，就認定他是一無所取了。而不知尺有所短，寸有所長；每個人在各方面的優劣不會完全一致的。以「籠統」的眼光去測度人，自難眞正瞭解他。

3. 由于本身的投射作用，將某些品質加之於人──投射作用是我們在觀察事物時常有的現象。比如我們平日很容易認定別人和自己有相同的好惡，相似的觀點。愛吃海鮮的人，常覺得別人定也能欣賞魚腥的味道；喜歡熱門音樂的朋友，多認爲旁人定也會爲那種旋律所陶醉。以己之心，度人之腹，是十分普遍的現象。這一類的投射行爲，尙無多害。另一類投射行爲，是具有防衛作用的：當事者爲減除內心的衝突，將自己所不能容的意念或情緒投扔出去，而將它扔到別人的身上。如是他不再有偏見，不再有舞弊的動機；而在他眼中，別人却有了偏見，却像是有舞弊的企圖了。被本身投射了若干品質之後，所「見到」的對方，自難是其眞正面目了。

4. 我們本身的需要和願望，也可能歪曲外界事物的形象──心理學者發現：我們的知覺，並不是被動地完全由外界刺激所決定，而常是看到自己所準備看到的，所希望看到的。「情人眼底出西施」這句話是十分正確的。你愛對方，你當然希望她是個美人兒，如是你就會從她身上看到好些美好的品質。她原並非是絕對完美的，只是在戀愛中的男子看不到對方的短處而已。

　　筆者好友某君夫婦，幼子因先天性疾病，智能發展遲鈍。至十歲時，行爲仍如四歲幼童，且不再有進步。某夫人每隔數月必攜此子來筆者家，順便討論如何教導他。幾乎每一次她都會說：「這孩子好像近來又有一些進步了」。據筆者觀察，那個孩子的行爲並沒有什麼改變；但在他母親眼中，他是不斷地有進步的。這應是極易于瞭解的事實。在和旁人接觸時，我們也可能會隨著自己的需要，而將對方看得「好些」或「壞些」。

　　當學生對自己的分數不滿意的時候，他若能「看出」教師有偏心，就將會覺得好過得多了。

　　上述這一些因素，常會影響我們對事物和人的觀察，使我們所獲得的印象，不一定十分客觀。不過這並不表示我們「存心不正」，因為那是頗爲普遍的現象。我們祇要能了解這些因素的存在，在與人接觸時不太受它們的影響，就不會獲得被歪曲的印象了。

第四：對和他人的關係有明確的認識

　　我們同時和很多人相交往，所形成的關係，各各不同。有的是親子關係，有的是師生關係，有些是一般朋友關係。我們固然不必一定要把這些關係作機械的、刻板的分類，但是也應當在和某個人來往，明確地認識自己和對方的關係。因爲這樣才使自己確知本身所扮演的角色，該表現怎樣的行爲。我國過去將人間關係分列爲「五倫」，到今日五倫之中的君臣關係已不復存在，但以往所述每種關係以某些基本態度爲主的觀念，是仍可以爲法的。親子間的關係和師生間的關係不盡相同，對待自己的配偶和對待一般異性朋友是應有差別的。如果不依照彼此的關係行事，所表現的行爲對雙方常均有不良的影響。就以朋友一倫來說，友誼的性質深淺也各不同；有的可與共患難，有的可以通財貨，有些則可能止于泛泛之交。我們對于對方的要求，以及牽涉入對方生活的深度，都應視彼此關係的深淺，而有適度的分寸。過度的依賴，過分的熱心，過多的干預，都有碍于良好關係的建立。

　　有甲乙二人，多年是鄰居，相處很融洽。甲是個商人，經營貿易，頗富經驗，近年來也賺了些錢。乙很羨慕，就和甲商議，希望能合資做點生意。甲却婉拒了。他說：「經營商業時，盈虧無從預測，我們雖然相識多年，但相知並不深；不宜在金錢上發生關係，反而傷害友誼。你若要單獨投資於某項事業，我倒願意貢獻意見的」。這一段話正說明「有分寸」的意思。

　　這並不是說關係是永遠固定，不能改變。而祇是說我們對于和某

人的關係，自己應有認識，對于雙方關係發展的方向和限度，也宜有明確的瞭解。比如以異性朋友的關係來說，在對某人不甚瞭解之前，宜保持適度的距離，俾友誼可以在正常的情況下發展。如果初相識就以十分親暱的方式交往，等到稍後發現彼此並不適於作深交時，再求擺脫，往往只是徒增雙方的痛苦而已。

增進人間關係的途徑

上面所說的是與人交往的基本原則。根據這些原則，我們可以說出一些具體的行為方式，是有助于人間關係的。這仍不算是「技術」，因為此地所要提到的行為方式，並不是機械的動作，而還是要細心體察後才能表現出來的。

㈠關心他人的需要

首先我們要隨時關心別人，協助他去滿足他的需要。希望為人所關心所注意，乃是人類最重要的需要。因為我們自嬰兒時期起就發現了一個事實：我們的需要（如吃奶、除去潮濕的尿布等）都是在有人注意的情況下獲得滿足的。因之「有人注意」就形成了「將獲得滿足」的符號，如是小孩子只要看見母親或是聽到母親的聲音就會停止啼哭，因為他已獲得了安全感。這個印象一直保留下來，使每個人都切望別人的關心。當我們知道四周的人對自己是十分關心時，他就感到安全了。我們自己渴望別人關心，也當想到別人也有同樣的需要。你愈關心別人，你在他生活中的重要性將因之增加，自然地他也會轉而關心你。

關心是可以成為習慣的。到時候去探望朋友，給他寫個短簡，或是打一個電話……這些行為不特為對方所歡迎，對自己也是一件愉快的活動。朋友對你關心行為的反應，常會帶給你一些滿足之感。當一

個人覺得自己尚有心情去關愛別人時，他的自信也將倍增。

關心他人同時也將使對方有被悅納之感。他會覺得自己尚為人所注意，所重視，而沒有被人遺忘或忽略。對他的心理健康來說，是十分重要的。同時對方既覺得你肯接受他，他就會有信心和你交往。彼此的關係將因此而增強了。

「悅納」是以人為對象的。接受某一個人並不表示你必須贊同他所有的行為，這兩者是可以分開的。你可以和某些人交往而不必贊同他「打麻將」或「反對宗教」的行為。這一點對某些有適應困難的兒童或成人可能十分重要；當他發現自己並沒有完全為人所不齒的時候，他或尚能振作起來謀作健全的適應。不過你若認為某人的行為和你的看法距離太遠，而你又沒有把握幫助他改善時，自然的疏遠也許比抱著鄙夷的態度勉強接近要好一些。

㈡誠心的讚美和善意的批評

讚美是大家所喜悅的，讚美的詞句是人所最易聽入耳的話語。讚美別人通常不是太難的事，因為每個人多少總有一些值得讚美的地方。通常我們可能由於太注意自己，而不常能發現別人的可稱讚之處。如果我們能仔細觀察，多注意別人，常可發現他有很多方面，是值得稱讚的。一位幼稚園的教師，知道讚美對于兒童的重要性，可是又想不出那麼多讚美的詞句。後來她想出一個辦法：當每個兒童走進來的時候，她先問：「你今天有什麼讓你高興的事？」有的兒童說他穿了新衣服，有的說他學了一個笑話……如是教師就有了讚美的題材了。不過最後她說：只要你多留心，你一定可以找到讚美別人的話；多數人是很難將自己高興的事藏起來的，正同他不會將新衣服遮蓋起來一樣。

這裡所說的讚美，是指誠心誠意，真真實實的讚美；而不是虛偽的應酬話，也不是言不由衷的阿諛之詞。雖然也有不少人愛聽逢迎諂

媚的話，但是大多數人都能很容易地辨別對方話語中所含的誠意。虛偽的恭維話並不能增進朋友之間的友誼。

和讚美相對的是批評。忠言逆耳，自古已然；批評往往是人們所難於接受，所不喜歡聽的。不過通常批評之被拒絕，可能是由於兩種原因。其一是批評者不瞭解當事人的處境和造成錯誤的原因，使當事者有受委屈之感；其二則是批評者採用了權威性的立場，暗示當事人行為的「笨拙」或「愚昧」性質，引起了當事者的反感。基於友誼的批評，應能避免這兩種錯誤。

在批評別人之前，我們先宜讓對方充分說明他的立場和其行動的依據，以期能對整個情況有所了解。也許他只是不得已地造成了錯誤，或是被動地引入了漩渦；也許他的錯誤只是由于觀點偏差，或是方法欠妥善，而動機却是很純正的。等到整個情況都明朗了時，我們每能發現在當事者全部行為過程中，也有可取之處，而必須先予以承認。對方在其行為應受誇獎處得到了誇獎，他將比較容易在應受批評之處接受批評。這是我們所熟知的事實。而且對方在獲得公平的獎勵以後，情緒將因之鬆弛；此時他常能以比較冷靜的態度，檢討全局，自己或竟能發現錯誤之所在，而不待別人去批評了。

批評者常容易忽略的一件事實：行動有錯誤的人，常有防衛其自我尊嚴的傾向。如果有人再以權威者的姿態出現，指責他的想法不夠高明，行動不夠周密，他的尊嚴將更感受威脅。這時防衛傾向會更增強，充耳不聞乃是極自然的反應。瞭解了這一點，我們就當注意在批評時，儘可能避免傷損對方的自尊心。同時宜用誠懇的態度，平靜的口吻，不含諷刺意義的詞句，使對方感覺到批評後面的善意和友情，他當不會有拒絕的理由。

善意的批評與挑剔不同。挑剔是有意去暴露對方的弱點和短處，是要打擊對方，傷害對方。善意的批評則是幫助對方發掘他的長處，幫助他尋找最好的方法或途徑，來發展他的優點，來獲取更大的成就。目的是在幫助對方，支持對方。因之建設性的批評是有助于人間關

係的。

㈢保持本身人格的完整性

　　增進人間關係的另一途徑，是保持當事者本身人格的完整性。每個人都有其獨特的個性，有其特有的行爲模式，這也是健全人格的特徵之一。與人相處時，固然需要遷就別人的需要，持比較隨和的態度；但那是有限度的。隨和不是放棄一切的原則，遷就也不是任別人予取予求的意思。眞正那樣做的人，根本就不會得到別人的信任和尊敬，自也無從與人建立良好的關係了。

　　一個人要獲得別人的尊敬，必須先尊敬他自己。他必須尊重他自己的立場，堅守自己的原則。卽使因此而不爲少數人所喜悅，也可坦然置之。本來我們就不必希望爲每一個人所喜悅。孔子在這一件事上曾說過十分清楚：「鄉人皆好之」的，並非最完美的人。

　　與人相處時，有些情況確是不易處置。有些人提出某項請求，依照你的行事原則，是不能應允那項請求的，可是你又就心會損害彼此的交情。這時你當將事情弄得十分清楚，再作決定。若是所牽涉的只是些細微末節，你不妨考慮遷就對方的要求，給予他適當的幫助；如果事情是和你的基本原則相背，則你就應當堅守立場，以不傷害對方尊嚴的態度，婉言說明，以取得他的諒解。「碍難遵命」這句話，有時是非說不可的。

　　拒絕別人的請求時，有一點是應當注意的：就是不可強調自己道德或行爲標準，標榜自己的公正、清高、廉潔和守法的品質，而使對方感到難堪；甚至覺得你在間接地責備他。你只須說明你不能滿足他的願望的原因，特別指出無益於對方的情況，以誠懇的態度出之。對方若是明理的人，當不致責怪你。如果你這樣做仍不爲對方所諒解，也就只好任他了。「豈能盡如人意，但求無愧我心」；這兩句話是值得記住的。

　　最好的辦法，是平日在待人接物之中，把自己的處事原則和態度，明白地表現出來，讓別人知道你是怎樣一個人。這樣別人也將知道你的作風，而不會過分勉強你去做你所不做的事。比如你若是不愛喝酒，不喜歡賭博……等，你可以找機會表明你這些習慣，另一些行事的原則，也同樣地表露出來。這可以使好些要求不致向你提出，而你也沒有需要時常拒絕別人的請求了。

㈣尊重社會的習俗

　　近代社會很重視個人行為的自由和行為的自發性，這原是很好的一個趨向。因為這樣人們可以略去一些純粹表面化形式的儀節，而以比較真實的情況相交往。所可惜的是「自由」和「自發性」這些字沒有很明確的界說，大家在表現一種行為，不是「不夠自由」，就可能是「太自由」。而很不容易做到恰到好處，把握一個最適當的自由度。

　　崇尚自由時，我們還應知道：在生活各方面最適當的自由度並非一律或相等的。有些行為，祇和自己有關，對別人沒有若何影響的，當然可以有較大的自由度；另一些行為，和自己四周的人有關聯，涉及別人的生活方式和舒適，甚或有更嚴重的關係的，則必須給自己加上一些約束。現在我們所討論的是增進人間關係，自己也該對別人的反應採適當注意的態度。社會的習俗，並不是可以完全忽略的。以個人的服飾為例，在自己的家裡，你可有較大的自由，隨便你穿什麼都可以。（即令在自己家中，這種自由也不是絕對的。有人在家中不穿衣服，就將受到鄰居的抗議）。如果你要到街上去或是到工作的場所去，你就當考慮到你的衣着是否適合于那種情況。奇裝異服徒令別人側目而視，給自己增加不便，並無好處。若是因為服飾的關係而使別人不願意和你接近，則損失更大。我們固然不要專藉服飾去引人注意，或希望別人因而重視自己；但是不宜因服飾的不當而使人遠離自己。假使你是去拜訪一個朋友，或是去參加一項集會，你對自己的服飾

就應有更多一點考慮，使之能和當時的情境相稱，不要讓主人或自己感到困窘。對服飾適度的注意，是一種禮貌，也是尊敬自己的一種表現。

再有一點和社會習俗有關聯的，乃是身份和行為的關係。「身份」是含有社會意義的。（社會學者喜歡用「角色」一詞，意在強調社會對于各人行為的期望）。你具有某種「身份」，就當表現和那種身份相稱的行為。這中間自然是有伸縮性的。不過若是某人的行為，使旁人無從察見他的身份，對人間關係的建立，自將有些妨碍。

記得在抗日戰爭剛復員時，曾在某精神病醫院中實習。當時一般醫師的服裝都十分樸實，態度淳厚而誠懇。但有一位青年醫師是在上海出生長大的，抗戰時期也一直留在上海。他的衣着比較講究，舉止也十分活潑，頭髮尤其梳得光可鑑人，顯然和其他醫師兩樣。有幾個病人就曾告訴筆者：那位青年醫師根本就不像一位醫師，而像一個理髮匠。試想病人對醫師有這種印象，那麼後者想和病人建立良好的治療關係，就將比較困難了。同樣地，如果一位牧師表現得像個小丑，一位女教師打扮得像個舞女，他們的工作效率定不會十分理想；因為他們將不容易和別人建立應有的良好關係。

㈤多和別人溝通意見

良好的關係端賴相互的瞭解。人與人之間的瞭解就靠彼此在思想和態度上時有溝通。經常有機會談談話，討論某些問題，交換些意見。並不一定要說和雙方有直接有關的事，一般談論也是各人表達其態度的機會。

與別人交談時，要學著做一個會聽話的人，善于聽話的人肯耐心傾聽別人的話，不插嘴，不打斷別人的話語，而能注意細聽對方所陳述的事實或意見。有人習于先抱定某種成見：「他的意見是不值得重視的」，「他常是誇大其詞的」……有了這類成見，就將無法聽清對方

的話。有些人在與別人交談時，只在想自己所要說的話，找機會申述自己的意見，根本不曾注意別人在說什麼。

聽話不能單用耳朵，我們同時要注意對方的姿勢、表情、以及他當時整個的反應，方能體會出對方話語的意義。對方說話時的感受，是高興、是忿怒、或是焦急，這些情緒狀態，有時比話語本身更重要些。心理治療者在和其當事人接談時，關鍵就在要能體會對方的心情，而將其反映出來。當一位女性徵求你對于她的新裝的意見時，她是在期待你對其新裝的讚美，和她問你對于某個影片的意見是完全不同的意思，你自然得用不同的方式回答。

交換意見是兩方面的事，每個人除了會聽之外，還得會說，會表示自己的意見。有人認為說話是一種藝術，也有人認為說話需要訓練。這裡只想指出基本的要點：

1. 與人交往，說話以態度誠懇為宜。油腔滑調，縱然有很好的意見，也不易為人所接受。
2. 選用簡明的詞句，避免用對方所不瞭解的字眼；同時用比較從容的語調陳述，不必過于曲折，以免對方抓不住你所要說的重點。
3. 避免過于顯露自己的才學。謙虛的態度，總是容易被接受的。在一般情況下，對方常是先接收一個個人，而後才肯接受他的意見。
4. 隨時注意對方的反應。如果他有心不在焉或厭倦的表示，就是該停止說話的時候了。

我們都需要朋友，都必須和人們相交往；因此善與人相處，乃是促進個人幸福的一個重要因素，也是維持心理健康的一個條件。每個人既都有此需要，就當相互地努力來建立良好的關係，這樣既滿足了他人的需要，也滿足了自己的需要。友情是在相互的施與受之中生長的。孟子說得好：「愛人者人恒愛之」。你若先伸出善意的手，它馬上就會被無數隻友情的手握住的。

8

所謂「代溝」的問題

　　「代溝」一詞，是從英文（ generation gap ）翻譯過來的，意思是指兩個世代之間在行為方式生活態度、以及價值觀念方面的差異。廣義地說，兩代是指青年的一代和中年以後的一代；狹義地說，是指父母與子女兩代。

　　究竟兩代之間有些什麼差異呢？

　　關於這個問題，筆者曾經徵詢五十名青年朋友的意見，綜合起來，有下列數項：（註一）

　1. 思想方面：上一代比較切實、保守、不主張批評。下一代主張自由、創新、開放的思想，希望把自己的意見表現出來。

　2. 生活方面：上一代重實際，似不注意生活的享受；下一代則多幻想，比較重視享受。

　3. 家庭責任方面：上一代對家庭願作全部犧牲，主張大家庭制，認為子女必須孝順服從父母。下一代重視個人的享受與自由，喜歡小家庭制，認為子女的意見應被考慮。

　4. 政治方面：上一代多不贊成參與政治。下一代則認為應多參與；

註一：這幾項意見中所用詞句，都是根據青年朋友們所引用的字眼，
　　　未加更改或修飾。

對不滿的現象，希望能有機會表示意見。

5. 行為方面：上一代贊成維持傳統的型式，處事謹慎、冷靜，認為作事宜有準則，穩紮穩打；不接受新的花樣。下一代則喜愛冒險性的活動，敢作敢為；認為各人應可按自己的意見行事，不必顧及別人的看法，不應有太多拘束。

6. 交遊方面：上一代態度保守，認為男女交往是件嚴重的事；下一代則主張廣交遊，與人交往是不可缺少的經驗，異性交往沒有什麼嚴重性。

7. 用錢方面：上一代崇尚節省，重視金錢的實用價值；下一代比較不懂得節制，不重視金錢的價值，希望能隨興之所至去運用。

8. 服裝方面：上一代贊成保守、大方而樸素的服飾；下一代則喜歡能表現其活力的衣着，認為服裝要跟得上時代。

上述這些差異，是根據一些青年人的說法。大約比較重要的幾方面都已包括在內，雖然不同的人在描述時可能會有些出入。

所謂「代溝」的形成

我們暫不必去比較兩代意見及態度的高低，先應該設法瞭解這些差異是如何形成的，也許會有助于兩代意見的溝通。本來人與人之間總是會有一些差異的，心理學上重視個別差異，就是要使大家瞭解沒有兩個人是完全相同的。兩個世代之間在行為方式和行為態度上的差異的形成，有下列幾個原因：

第一是兩個世代生長環境的差異　　一個人的基本行為模式和態度，是自幼年始逐漸形成的。發展心理學家恒認為兒童時期所形成的人格品質，常會保留到青年期以至成人階段。兩個世代的幼年環境在時間上通常有二十年左右的距離，其間社會文化自不免有變遷，因而所形成的態度，當然將會有差別。試想某家上一代出生在農村家庭，小時候所接觸的莊稼生活環境；而到下一代

出生時，農村也許已經發展成為現代化的市鎮，生活環境有了變更，生活方式也改變了不少。態度和價值觀念自將跟著而和上一代不盡相同了。

其次是兩個世代在發展過程上的差異　由兒童進入青年期的過程中，個體最重要的一個任務，就是依賴成人的情況。逐漸進而為獨立生活的情況。在這一段時期中，他要逐步發現自己，認識自己，肯定地知道自己是怎麼樣一個人？能作些什麼？將來會走向那兒去？要達成這項任務，他必須試著建立自己的看法，表現自己的意見，逐漸擺脫成年人的約束與指導。從發展的觀點，這是一個必經的過程。因為祇有在認識自我之後，才能有機會充分發展自己，也才可以完全參與社會活動。

另一方面，在青年期中，身體品質和心智能力的發展，已接近高峰。學習的能力也進入最高效率的階段，因之他們具有充沛的體力與智能，去從事多方面的活動。一方面在探索世界的新奇，同時也在考驗本身適應的能力。他們的愛好活動，不畏艱難，正是這個時期的特色。

在成年人方面，他們身心發展是在生命過程中的另一階段。對于運用體能和以速度為主的活動，興趣已漸降低；若干觀念和態度，已經成熟而趨于固定；由於經年累積的經驗，已塑成了若干行為模式，而不太希望改變。如是和下一代的青年之間就有了差異。

形成世代間差異的第三個原因，乃是由於兩代在社會上的地位和責任的差別。用一句社會學家常說的話，兩代在社會上所扮演的角色不同，社會對於他們有不同的要求，有不同的期望，而且也各加上了不同的責任。以一位家庭中的父親來說，他得負責養活一家人，使子女有機會接受適當的教育；他必須有一份職業並且在工作上盡其職責，他還要維持自己及家庭在社會上適當的地位。因之他必須謹慎，顧慮到多方面的適應，還要讓別人覺得他

是成熟的人。反過來他的子女就沒有那些責任了；不過由於他是個青年，社會上、特別他的友伴們對他也有一些期望；他必須使自己在別人眼中，像個有朝氣、有活力、有希望的青年。兩代所扮演的角色不同，在行爲及態度自然會有差別。

形成世代間差距的第四個原因，也就是使此項差距在今日特別顯著（或尖銳化）的原因，乃是由於近二三十年來，社會變遷的歷程加速了。工作的性質、制度、環境、以及成品等，對工作者本身的生活方式、人間關係、價值觀念，發生了極大的衝擊作用，使之產生迅速而且大幅度的改變。上一代的人不習慣這樣急速的步調，有的雖在努力維持自己「不落伍」，有的却把原有的生活態度抓得更牢，以增加本身的安全感，戀舊的心理使之產生對于新觀念的排拒作用。

在年青的一代裡，爲了要趕上時代，大家對於迎面而來的新鮮事物，常不及審慎的選擇，就接受下來，並緊跟著前進。同行的全是和自己年齡相若的朋輩，相互表同，彼此模倣，以期獲得些隸屬之感，以鞏固本身的信心，在交互刺激的情況之下，「趨新」的傾向特別加強。至於那些新的事物新的觀念究竟有何意義，他們往往都不暇顧及；怕的是停下來思考時，就會被「現代」拋在後面了。上一代不敢捨舊，下一代唯恐失新，在這種情況，彼此的差距更被拉大了。

由于上述的一些原因，形成了世代之間在某些方面的差距；而差距形成之後，使雙方意見交通的機會減少，轉而更增加了雙方的距離。在下一代的心目中，覺得上一代過於保守，無法瞭解現代的生活方式的趣味，也無體會青年人的思想，甚至連青年人所用的詞彙也全不懂；因之就索性不和成年人去談論自己所想瞭解的問題。在成年人方面，在發現「孺子不可教」時，已夠不愉快，乃更難有耐心去聽年輕人的「荒謬之論」；他們多數對于自己所奉行的傳統規範，也常不一定有透澈的瞭解，因而不能向年輕人眞說出一篇道理來。有時加上情

緒作用，就乾脆懶得「說來更惹生氣」了。如是兩代之間就缺乏充分的「交通」。再有一個不利的情況，就是兩代的活動範圍有了分野，作息時間也不盡相同；大家都「忙」，在某些家庭，父母子女一天難得湊在一塊兒，更不用說意見上思想上的交通了。

名詞的問題

　　世代之間有差異、有距離，是必然的事實，有些差異也是應該存在的。問題不在乎有差距，而在於雙方對于差距的態度和應付的辦法。

　　有些人不贊成把世代間的差距稱為「代溝」，認為會有誇大的作用。「溝」字本身就有裂縫的意思，用之以描述世代之間的差距，顯得太嚴重，並且有反面的涵義。另一些人則以為一個名詞，反正只是一個符號，只要大家明白它所指的是什麼就行了。名詞本身沒有若何重要性。何況由英文原來的 generation gap 譯成「代溝」，從翻譯的角度來說，是頗為確切的。

　　上述兩個看法都各有其理由，不過持後一說者似乎忽略一個事實：名詞固然衹是一個符號，但是符號的全體或部分若已先另有某些意義，則將此符號冠在一件新事物之上時，人們對後者的瞭解自將會受到影響。在精神醫學上的 neurasthenia 一詞，曾被譯為「神經衰弱」，從翻譯的觀點，可以說是完全正確：問題是在該名詞所指的病症，並不是由神經系統的衰弱所引起，所以那個符號就可造成誤解。如果希望一般人在看到「神經衰弱」這個符號而又不將其看成「神經的衰弱」，是頗為困難的事。倒不如換一個符號來得簡單多了。若是可能產生的誤解僅止於此，或者還可以不必過於重視。但不幸事實並不如是。因為我們的思想就是個運用符號的歷程；如果所用的符號有問題，很容易把我們的思想引導到岔路上去。比如人若把「神經衰弱」看成「神經的衰弱」，很自然地他會認為「休息」或「服用補腦藥物」是有效的治療之方；那就差得太遠了。

很多時候我們在擬定一個名詞時，常給自己在字數上加了一個限制：好像名詞就只能有兩個、三個、或至多四個字似的。字數少固然簡練些，就容易有混淆的毛病；多用一兩個字看來是累贅一點，却可使人一目了然。基於這個原則，在談到世代之間的差異時，筆者比較喜歡朱岑樓先生所倡用的「世代差距」一詞。當然重要的不是名詞，而是我們對於這項差異應有的態度。

對於世代間差距應有的態度

首先我們無須否認世代之間在行為方式及態度上的差異，也不宜說因為「差異」是普遍存在在任何國群人甚至兩個人之間，所以世代間的差異就不必重視。要解決一個問題，就必須先承認問題的存在，然後才能正視它、瞭解它，以適當的方式來處理它。某些人間差異或可不加理會，比如你若不準備和某一特殊種族或宗教的人士相交往，你可以不必去探究你和那些人在態度和價值觀念上的差別。但是我們是一定要和另外一個世代相交往的，而且必須要建立良好與和諧的關係，那麼就得瞭解兩者之間的差異，進而設法溝通。

我們不僅要了解世代間差異的事實，也需要知道差異之所由來；因為在知道造成差異的原因之後，就比較容易接受它和容忍它了。比如上一代若能瞭解「獨立感」是青年期重要的需求，那麼子女的某些行為就不致于太不順眼。谷倫氏（ Raymond Kuhlen ）在其所著青年心理學中，曾引述這樣一件事：一位中年女性，從十五歲起就每天寫日記，二十五年一直沒有中斷。她目前已有子女，有時她在翻閱年輕時日記，重溫少女生活後，對子女的行為更能瞭解；因之和子女間的歧見就大為減少了。

同樣地，下一代若能體會到上一代的觀念與態度，是由於年齡和生活經驗的緣故；同時他們之常約束青年人，也多是出於愛護後者之心，當一定以比較諒解的態度對之。這也就是說，祇要雙方能互相尊

重，互相容忍，縱使在某方面有些差距，也將不會妨害兩者之間的關係。

其次，我們應瞭解的，就是不要把世代差距看成一個概化的名詞或現象。概化（ generalization ）原是推理作用中很重要的一種行為：把從一個情況所得的概念推展至與之相似的情況。也就是所謂「舉一反三」的意思。我們習用了這種推論的方法之後，就容易忽略各種情況之中的差異。以世代間的差距來說，有些人受了概化作用的影響，就認為這種差異是存在於所有的兩代之間，是存在於所有的各方面，在各方面的差異是同等顯著的。我們稍作思量之後，就能發現那不是事實。世代之間的差距，是因人而異的：在某些家庭之中，可能十分顯著；在另一些家庭中，可能根本沒有差距或是兩代的當事人都不覺得有差距的存在。同時所謂差距，並不一定普遍存在於所有各方面：也許兩個世代在社交、服飾方面意見相左，而在飲食習慣上並無出入。而且即使有差距存在的各方面，雙方差異的程度，也不是完全一律的；也許某個青年和其父母在對宗教信仰或音樂愛好上有十分顯著的差異，而在工作態度上雖也有歧見，差別却不太大。而且這些差異在某些情況下可能完全消失于無形，比如某青年本不贊同父親在政治方面的意見，但當其父親和鄰居因對政治的意見發生辯論時，他却完全支持父親的立場。所以這些世代之間的差距不是均勻的，或靜態的；在某些地方頗有寬度，上下兩代顯然各在一邊；在某些地方則不過像每家門前的小水溝，可以隨意跨越的；而在某些地方就根本沒有什麼差距。我們若看清楚這個事實，就不會因有了這些名詞而增加我們和另一世代心理上的距離；同時我們可以明確知道自己和另一世代之間是在那些方面態度相左，而後能設法來消除那些歧見。

再有一點是我們應當瞭解的：就是我們承認世代差距的存在是一件事，至於兩方面的態度及價值觀念是執優執劣，則是另一件事，不應當混淆在一塊。我們在分析世代之間的差距時，也不宜把概括化的評價加在任何一方面。有人稱上一代的態度或生活方式是「傳統」的

，是「陳舊」的；稱下一代的態度或價值觀念是「現代化」的、「時新」的。如果這些形容詞都不含在時間以外的評價意義，自然沒有關係。但是「新」、「舊」、「傳統」、「現代化」這些字眼，本身都已含有評價的作用，將這些字冠在某種事務之上以後，很容易引起錯覺，而不易看清那些事物的眞正形象。

我們都知道不能因爲陳年紹興酒比新酒的味道好，就說一切傳統的事物都優於現代的事物；我們也知道不能因爲語體文較文言文易于瞭解、易于學習，就認所有時新的事物一定比舊有的事物好些。認爲凡是有「悠久歷史背景」的就當保存（保存在博物館是另一囘事），或認爲凡是「現代」的產物就應當接受，都是同等可笑的態度。當兩個世代發現彼此間在某方面有差距時，應當祇就雙方在該方面的態度或行爲方式，作客觀的比較。不看僅憑其所載的商標和年份，就裁定了它的價值。尤其不應該認定某一方面的看法或做法，是完全正確，或是完全不正確的。

差距是可以溝通的

差距的存在，並不是什麼可怕的事實；因爲差距是可以溝通的。所謂「溝通」，可以有幾種不同的情形：

溝通的結果，可能使一方面「接納」了另一方面的意見或態度。這種所說的接納，不是被動的或勉強地接受，而是在澈底瞭解對方的態度，並且發現那些態度更能適應于當時的情境，因而願意自動放棄本身的意見，心悅誠服地接受了對方的意見。世代之間若干差距是這樣解決的。

很多時候，兩方面的意見可以「融合」成爲一個新的意見。在這種情況下，融合而得的行爲方式往往能兼取兩方原有意見的優點，而形成了比原任一方面的看法來得完美的意見。不久以前，友人某君和其幼子在選習科系上有了歧見；兒子希望能多顧到自

己的興趣，父親則認爲必須兼顧到將來就業的機會，雙方都有理由。後來父子仔細研討，最後融合了兩個人的意見：以一個學科爲主系，而以另一個學科爲輔系。父子兩人對這個決定都感到十分滿意。

在好些情況下，雙方的意見可以「折衷」爲一個最終的意見。子女在到達某個年齡時，友朋間的活動增加，活動的性質和範圍也逐漸擴大，他們的父母不一定完全同意子女所喜歡參加的活動，這時若能雙方交換意見，常能獲得「折衷性」的結論。比如女孩子跳舞的問題，某些家庭中父母和女兒所獲得的協議是：在不妨碍功課的原則下，在某段時期中，先可以參加學校團體所主辦的集會，以後再視情形放寬限制。這樣女兒獲得了適當社交的機會，她的父母也免去了一些掛慮。雙方沒有任何不愉快的地方。

自然還有很多時候，不同的意見是可以「並存」的。目前國內有好些家庭裡，各個世代所信奉的宗教互不相同。有時父母信奉佛教，不時燒香茹素，或上寺廟裡膜拜誦經；而子女却信奉基督教。每逢星期日上禮拜堂。彼此相安無事。筆者知道一位女性基督徒每年有幾回要陪她的祖母到廟裡進香。別人問她是怎麼回事，她回答得很好：「我是侍奉祖母出門而已，至於她拜誰，我不想去干擾她，正如她不干涉我的信仰一樣。」

在上述的幾種情況裡，世代之間的差距，並沒有構成問題，也不曾引起衝突。當然要獲得「融合」、「接納」、「折衷」、或「並存」的結果，雙方必須得有機會交換意見，比較時髦的術語叫做溝通。很多時間歧見是起源于不瞭解對方的意見的緣故，有時某方所難於接受的，只是對方意見的某一部分或某一方面，有機會相互交通，很容易達成融合或折衷性的結論。

在相互交通的時候，每一方面都應能從對方的立場和觀點去設想。這一點非常重要。所謂具有「開放態度」（ open minded ）的人也就是習所稱「開明」的人，就是能不拘于己見，而能學會從多方面去

觀察事物，取得比較客觀印象。我們不僅要知道別人的想法，還要瞭
解他爲何有那種想法，這常可有助于尋求協調的途徑。有時兩方面在
某些事上意見相左，但甲方對于乙方所持意見的原因，却可能諒解。
因而他可能循著乙方的立場，找出雙方都能接受的意見。友人某君，
在大學裡擔任講師，數年前到國外去進修。啓程之前，他的父母找了
測字的爲他卜定了行期，比實際上他需要到達異國的日子早了約半個
月。某君本人並不相信星相占卜那些玩意，但他深知父母的做法是出
于愛心，而自己第一回出遠門，要離開家庭一兩年，如果能順著老年
人的意思，減少他們的掛念，提早啓行也是盡孝之道。而另一方面，
他早到異地，可以有充分的時間適應當地的環境，也有好處。他那樣
做了，一家人都很高興；也沒有人笑話他迷信測字先生的胡言。

　　這種體諒的態度，是雙方都應當有的。爲求取相互的諒解，每一
方面在表示他的意見時，宜充分地說明他的理由，說明他爲什麼會有
那種想法。儘管那些理由可能不甚符合科學原則的，或者聽來頗爲可
笑的，或者和上述的事例一樣有點迷信色彩的，都沒有關係。在一家
人中間，應當沒有顧忌地坦誠交通，使對方有機會充分瞭解自己的看
法。不要先認定對方「聽不懂」，或「頭腦陳舊」，或「思想幼稚」
，只要你肯以平靜誠懇的態度表達出來，對方接受的能力常會令人感
到意外的。

　　尊重和遷就，也是雙方所共同應有的態度。我們希望別人在某些
方面接受別人的意見，我們就必須準備在另一些方面接受別人的意見
，人的行爲原是交互相刺激，交互地影響的。別人的反應，一部分是
取決於當事人自身的行爲。當一方面表示願意接受對方意見的時候，
對方也就常願意放棄他的意見。

　　世代之間有行爲、態度、及價值觀念等方面的差異，並不是嚴重
的問題。祇是成年的一代和青年的一代雙方能瞭解那些差異，和那些
差異之所由來；同時願以互相尊重，互相諒解的態度，設法作坦誠而
充分的交通，那些差異將可以消除，或不發生若何妨碍。祇要雙方不

堅持要站在對方的另一面，祇要他有跨過溝的誠意，任何差距都不能使他和另一世代隔離的。祇要他肯跨過溝去，溝就不存在了。

　　到過英國的人，都知道在倫敦泰晤士河上，架有很多橋樑，其中有不少修建得很美觀、很壯麗，成了觀光客的目標。若是搭乘遊艇，循泰晤士河而上，到格林威治走一轉，就更能把那些橋全收眼底，看個清楚，筆者年前曾和友人坐過一回遊艇，在船上聽到兩個旅客在談話。甲說：「這些橋造得真美，真好看！」乙說：「那我們得感謝泰晤士河，如果沒有她，人們就沒有機會顯露出建橋的才華了！」這真是一句發人深思的話。我們實在不需要再害怕或埋怨世代間的差距了。人是具有跨越或溝通各種差距的能力的；有了差距，才能看出多數人願意努力溝通的決心，也才能有機會讓人們表現互相溝通的稟賦。

9

談社交和婚姻

　　人們在進入青年期以後，對於異性的興趣，將隨著個體的發展過程而增加。因而和異性的交往和接觸，也逐漸增加，而成為青年生活中很重要的一面；而同時也就成了青年生活中所感困擾的問題。中國青年服務社「張老師」電話輔導工作每月所接受的諮詢案件中，恒以屬于「情感」的問題居首位，就是一個極好的證明。目前坊間的書刊，討論這方面的問題也頗不少。筆者無意重複別人已經說過的話，也不願把國外人士的態度，不加考慮地介紹給大家；而祇想以一個實際意見調查的結果作根據，對青年的社交和婚姻問題，提供一些意見。這樣可能比較具體一些，或者對青年朋友們略有一些參考的價值。

一個小型的調查

　　十五年以前，筆者曾經在任教的班級中，就大學生對於社交與婚姻的態度上，進行了一次小規模的調查，作為教學和討論的資料。最近筆者將原用問卷拿出來，以今日的大學生為對象，再度作了一次調查。接受調查的男性為一五四人，女性為一六七人，所得的結果，雖然由於取樣過少的緣故，不能視為一般大學生的代表性意見，但對於今日的青年朋友們，似仍有參考的價值。因此乃將調查所得歸納敍述

于次：

㈠對于一般社交的態度

　　一般說來，今日大學裡的男女同學，對於異性間的交往，都認爲是必要的。約有半數的同學（五六％）認爲可以「談戀愛」，也有三分之一的人認爲祇應有「一般性的朋友」（三三％）。有相當多的人覺得「在求學階段談戀愛，對學業多數是會有些影響」的（男三四％，女五八％）。至於在進入戀愛關係以前該有多少時間的交往，則大家意見不甚一致：有些人認爲需要兩年的交往經驗（二七％），有些人認爲需要一年的交往經驗（二〇％），但較多數的同學（四三％）卻以爲「戀愛和時間沒有關係」。不過約近半數的人都覺得「一見傾心」只是代表一時的衝動，是不可靠的。

　　在今天，「異性之間不可能有友誼」這句話，是被絕大多數人所否定了。很多人（五三％）認爲異性朋友愈多時，更能使人瞭解異性。在和異性交往時，多數人主張所花費的錢宜由「雙方共同負擔」（六一％），也有頗多人贊成輪流負擔（二六％）。對于女性接受異性禮物一點，女同學中主張「只接受所愛的人的禮物」者爲三八％，主張「應當不接受貴重禮物」者爲四〇％。顯示大家都贊同比較愼重的態度。對於「跳舞」，多數同學（男五七％，女五二％）認爲「不必禁止」，但有很多人（三二％）贊成「禁止到舞廳去」。對於「接吻」的行爲，祇有較少的人（男一九％，女一〇％）認爲「不必有所限制」，其餘的人都認爲「接吻」應只限於「有深厚愛情」（七〇％）及已訂婚的男女或夫婦之間。對於「西方電影中所描寫的戀愛行爲」，雖有不少人（四五％）覺得「不必批評」，但認爲它「太強調『性』的色彩」（四二％）及「太庸俗」（一〇％）的人卻較更多。至於大家對「今日男女青年社交」一般的看法，意見頗不集中。反應的情形是：

認爲它「還是在合理的途徑上」　　　　　男三六％女三八％　合三七％

似乎都不加以愼重考慮　　　　　　男二〇％女二〇％　合二〇％

大多數青年把社交看得太隨便了　　男一二％女二〇％　合一六％

少數人的表現已超越他們應有的範圍　男三二％女二二％　合二六％

　　也許這個不集中的意見或正反映今日青年社交的實際情況，多數人還維持在合理的途徑上，有少數人的行爲却超越了其應有的範圍。

(二)對於配偶選擇的態度

　　在上述同一問卷中，若干題目是關係婚姻問題的。就結婚的年齡言，絕大多數青年認爲男子以在二十五歲至三十歲爲宜，女性則宜在二十五歲以下。同時女性多主張配偶最好比自己大三至五歲（九〇％），男性多贊成配偶比自己小三至五歲（八一％）；換句話說，兩方面的意見是正相符合的。對於「門當戶對」這句話，雖祇有極少人認爲它是「至理名言」，而且有頗多人（男四二％，女二五％）認爲它代表「封建思想」，但多數人（男五五％，女六九％）却以爲它是「可以注意」的一種觀念。以經濟狀況言，女性表示希望配偶「較自己良好」（四三％）或「和自己相等」（五七％），男性則似多主張配偶經濟情況「和自己相等」（八八％）。以敎育程度而論，男女兩方面的反應頗爲有趣：

　　你認爲配偶的敎育程度最好是：

　　1.較自己爲高　　女六九％　　　男——％

　　2.和自己相等　　女三一％　　　男八四％

　　3.較自己爲低　　女——％　　　男一六％

這些反應自然和目前家庭中夫婦相對的責任和「角色」有密切關係。至於雙方所習的科系是否相近，大家都認爲沒有什麼關係。

　　今日大學生在選擇配偶時，對於對方婚前的情況是甚爲重視的。絕大多數（八八％）青年希望配偶是未曾結過婚的。除了極少數人（八％）以外，他們認爲「貞操」是「現在仍然爲多數人所重視」的觀念（男七〇％，女六〇％），或「是永遠爲人所重視的」觀念（男二

二％，女三二％）。大家都認爲「婚前性的關係」和「婚姻以外性的關係」是「男女都不應當有的行爲」或「不道德的行爲」。〔認爲婚前性行爲「沒有什麼關係」的，男性一七％，女性五％；認爲婚姻以外的性行爲是「沒有什麼關係的」，男九％，女二％，均屬極少數〕。這些態度在十五年之間，並無若何改變。

⑤擇偶條件的相對重要性

調查問卷的另一部分，是令被調查者以「是」「否」作答的。問題的形式是「如果對方別的條件都能令你滿意，祗是□□□□，你會考慮和他（她）結婚嗎？」在空格的位置，每題假設一種不十分理想的情況，如「籍貫不同」，「曾有犯罪紀錄」……等共有二十四項。若是被調查者對每題的反應爲「是」，表示他（她）不太重視那項情況；若其反應爲「否」，表示他（她）重視那項情況。也就是當對方具有那種情況時，就不考慮和他（她）結婚。

在這一部分的調查中，男女兩性的反應不完全一致。先看女性大學生所比較不重視的情況：

情　　況	反應爲「否」者％	等第
籍貫不同	一〇・一七％	二四（最不重視）
面貌不好	一三・九三％	二三
沒有財產	一九・一九％	二二
宗教信仰不同	二〇・三八％	二一
朋友們不贊成	二〇・四八％	二〇

在另一方面，女性所認爲重要的情況，則如下所列：

情　　況	反應爲「否」者％	等第
曾結婚而分居	八一・三六％	一
未受高等教育	七九・五一％	二
不十分愛他	七六・三九％	三
有犯罪紀錄	六七・五〇％	四

曾與異性有性的關係　　　六六・〇六％　　　　五

　在男性方面，一般說來，對問卷中所列各項條件重視的程度，多不及女性。也就是說在每項上以「否」作反應的人數比例，多較為低些。（但有幾項例外：那就是「飲食習慣不同」、「宗教信仰不同」、「籍貫不同」、「朋友不贊成」等幾項）。這顯示男性在擇配的各種條件上，都比較有較大的容忍度。至於那些條件的相對重要性，則兩性的態度相去不遠。在男子所最不重視的幾種情況中，有四項（籍貫、面貌、財產、朋友不贊成）也是女性所最不重視的，另外再加上了「社會地位低」一項。在所最重視的情況方面，則男女兩性所列等第上略有出入。男性所比較重視的五項是：

情況	反應為「否」者	等第
不十分愛她	八五・一四％	一
結婚而又分居	七三・九七％	二
年齡相差在十歲以上	六〇・七八％	三
結婚而配偶去世	五八・二八％	四
曾離婚者	五五・九二％	五

　從這些資料看來，現代青年在選擇配偶時，對於籍貫、財產、宗教、朋友態度等屬於「背景」方面的因素，都不太予重視。對方雖有這些情況，多數仍願考慮與之締婚。但對於和個人行為或人格品質有關的情況，則仍然比較重視。

　根據上述調查的結果，並參考國內外已有的研究，筆者願就社交和婚姻問題，向青年朋友們提供一些意見。

什麼時候最適於談戀愛？

　這個問題在多次座談會中，都曾有人提出，足見是為青年們所需要獲得解答的問題。但是卻很難在時間上作任何肯定的答覆。照大學裡同學們的意見，約有半數認為在大學時期是可以談戀愛的。這倒不

完全是因大學不限制男女社交的緣故，而是由於其他的原因。㈠在大學裡是男女同學，兩性青年有很多接觸。他們可以在學業活動、社交性活動、服務性活動等多方面接觸，互相認識，互相合作，因而有機會對于一般的異性朋友，以及某個特殊的對象，獲得較為深切的瞭解。由於接觸的機會多，交往的關係常能在比較自然的情況下發展。約有半數的大學生認為在進入戀愛關係之前，宜有一年或兩年的交往，正說明友誼的發展不是可一蹴而成的。㈡在大學裡青年們比較成熟。他們對于自己有了較多的認識，對于自己將來的發展，也多少有了些計劃。他們多少知道一點：自己該朝著那個方向走。有了這些瞭解之後，他們在其他方面的行為，也常會隨之成熟些。他會比較知道選擇交往的對象，也能比較控制自己，使社交的行為不致妨害其他方面的發展。㈢在一般的情況下，戀愛的最終目的是結婚，大學生中絕大多數（七八％）是有此種想法的。而大家認為結婚最適當的年齡在男子是二五～三十歲，女性宜在二十五歲以下。用另外一個說法，則是在完成大學學業之後。雖然我們沒有資料，來指明由戀愛到結婚最好要經過多少時間，但無限制地延伸並非善策。大學生們能預見其結婚有期，先作準備與異性交往，從時間上說可說是適當的。

　　上述三點雖係以大學生為對象說的，但其包含的原則却可適用於一般青年。那就是說，本身已經相當成熟（指情緒態度方面），有機會和異性在比較自然的情況之下交往，距離結婚的適當年齡不太久遠，當是談戀愛的適宜時候。

　　也許有人要問：高中同學是否適宜于談戀愛？如果根據上述的三項情況來說，在高中階段談戀愛似乎是不很適宜的。高中階段的青年在情緒態度方面，多尚未趨于成熟。對若干事物以及自身發展等，還沒有完整的認識；與人的交往，仍多傾向于單純的感情作用，常難作審慎的選擇和判斷。和異性作一般性的朋友，自無妨碍，談戀愛則嫌早了一些。

　　今日我們的學校和社會，都不鼓勵高中學生異性之間的社交。筆

者暫不擬評論其是或非。但由此而形成的事實，是高中同學對異性缺少正常的、一般性的交往機會；因此男女同學之間，沒有相互的認識和瞭解，而不能以比較平靜自然的態度和異性交往。如是常把若干禮貌上的行為解釋為「示愛」，把普通的信件看成「情書」。這樣使友誼不能循合理的步調發展，是不值得鼓勵的。同時因為在高中談戀愛的究屬少數，當事者很難以正常的態度去應付，四周的同學們也會誇張地推波逐浪，或為之宣傳，或予以批評，在這種情況下，友誼是難於有健全的發展的。

再說，如果我們同意戀愛是結婚的準備過程，那麼一般高中青年距離結婚的時間尚遠，似乎沒有必要忙著去談戀愛。自然你不妨有一般性的異性朋友，瞭解一般男子（或女子）行為的方式，生活的態度，對人對事的看法；學習如何如何以大方而有禮地和異性交往；為戀愛的經驗先做一些準備，那將是有幫助的。

社交行為的健全態度

從筆者得自我國大學生的意見，他們對於社交都贊成採取比較慎重的態度。例如在交往中的花費，多數主張由「雙方共同負擔」或「輪流負擔」，而女同學持此主張的還略多於男性。同時大家都認為女性在接受異性的禮物時，也宜慎重從事；不主張接受貴重的禮物，或只接受有深厚感情者的禮物。這一種慎重的態度，在其他的行為上，如跳舞、接吻等，也都有同樣的表現。大多數學生（包括半數以上的男生在內）認為大學女生宿舍晚上關門的時間應有限制，這也許是一般人所未料及的。雖然我們不能否認有少數青年的行為是超出了應有的範圍，但一般人所持的慎重態度，應是大家所當注意的。

現在男女交往的機會增加，青年男女之間親暱的行動也較以前表現得明顯些。無可懷疑地這是受了西方文化的影響，特別是西方小說和電影等的暗示作用。但是我們都知道電影和小說中所描述的，並不

能代表西方社會的一般情形。而且我國大學裡青年們也都不贊同西方電影中所描述的戀愛行為（八七％），認為那是太過於強調性的色彩，太庸俗了。不過這些傳播工具却仍然給我國青年們帶來了一個頗為實際的問題：在和異性交往的時候，雙方究竟可以親近到什麼程度？由於現在有人將對於性行為較為寬容的態度，稱之為「開明」或「開放」的觀念，而「開明」二字通常是含有正的價值意義的，如是乃使青年們覺得對那些放縱的行為，是應該採取比較寬容的態度才對。甚至於有些人竟會為了要表現自己是「開明」分子，所以在行為上就有意地放縱一點。青年朋友們誰又願意被指為「不開明」呢？

筆者很能體會青年朋友們在這方面的困惑之心。為了解大家之疑，我願引述下列的幾項資料：

1. 前面業已指出，在筆者最近所作調查中，大學青年絕大多數（男八三％，女九五％）都認為「婚前的性行為」是不應當有的行為；也都認為「貞操」是現在仍為或者永遠為大家重視（男九二％，女九二％）。數字顯示男女青年都甚重視這方面的行為。在另一些問題的反應中，男性希望配偶是未婚異性的，其比例且較女性為高。在擇偶的條件裡，兩性均將離婚、分居、寡居……等情形，列為重視的情況，是不願考慮的因素。在男性中這些因素的平均相對等第，比在女性中還略高些。

2. 一般人總以為西方大學生在男女關係上，態度極為放任。但據派卡德氏（V. Packard, 1968）調查二千二百名大學三、四年級未婚男女學生所得，男生中有三分之二不希望其配偶和他人有過性的關係。事實上在金賽諸氏的報告中，也曾指出這種願與處子結婚的態度。

3. 根據美國柏吉斯氏等（E. W. Burgess et al., 1963 ）和克派屈克氏（C. Kirpatrick, 1963 ）對婚姻關係的研究所得中：一般言之，在婚前沒有或少有性行為經驗者，婚姻的適應情況常較良好。

　　根據這幾項資料，我們可以發現，如果一位青年朋友在和異性交往時，採取比較謹慎的態度，他不必就心將會被人視爲「不開明」；因爲多數大學生都贊同謹慎的態度，而認爲放縱的行爲是不當的。而且他會獲得較多的尊重，因爲多數青年在選擇配偶時，是傾向于行爲端正的對象。同時從整個婚姻適應的觀點，婚前純正的關係，是將更能促進婚後良好適應的。

如何選擇理想配偶

　　未婚的青年朋友們，一定會注意這個問題。假使有人能對此提供答案，那當可稱是功德無量。不過婚姻是兩個人之間的關係，由於人與人之間各種品質的個別差異，每兩個人之能否相互適應，涉及的因素很多，也彼此互異；因之無法作一般性的推斷。不過根據國內外已有研究，有一些因素似和美滿的婚姻有正的相關。特予列舉，以供青年朋友們的參考。

㈠有利的背景

　　有關婚姻關係之研究頗多。有人曾調查若干青年夫婦相互適應的情況，並研究他們的家庭背景。發現了(1)凡是配偶婚姻關係和諧的，他們的父母之間常有良好的感情和愉快的婚姻生活；(2)凡是婚姻關係美滿的青年夫婦，他們和自己的父母常有愉快的關係，兩代之間相處融洽；(3)凡是婚姻生活美滿的夫婦，他們常有比較快樂的童年。這些事實也可用簡單的圖來顯示。

　　事實上這三種關係是很容易瞭解的，而且三者之間也是互有關聯的。上一代本身有了美滿的婚姻生活，他們就容易建立一個愉快的家庭，能夠給予子女充分的愛和照顧；因之子女就能獲得一個愉快的童年，他們的人格乃可獲得健全的發展。再則父母之間的關係，乃是兒童最先見到的兩性關係；他們正可從之學習如何和異性相處，也可察見婚姻關係的意義。如果父母相處和睦，乃能給予兒童一些良好的印象；使他們體會到婚姻是一種愉快的經驗。筆者曾聽到友人某君述說下列故事：

　　她某日到一位朋友家作客，主人夫婦和其在大學就讀的女兒都出來相陪，敍談至爲愉快。客人因見友人之女已入大學，乃問及她的課業和校中生活情形，並以含笑的口氣問「有男朋友否」？未料該女竟答以「沒有男朋友。我將來不準備結婚」。女主人覺得女兒回答客人的話不太禮貌，就插口說：「看你說些傻話，女孩子長大了總是要結婚的」。女兒回答說：「結婚有什麼好處呢？難道要我也學你，整天和爸爸吵個不停嗎？」

　　筆者不知道那位小姐後來究竟曾否結婚。但她那句話是值得注意的。父母不和諧的關係可能使子女獲得一些印象：婚姻是那麼不愉快甚或可怕的關係。有了這種先入爲主的觀念，對以後和配偶的關係或將受到影響。過去我國論嫁娶時，常先要去打聽對方家庭中是否相處和睦，倒是很有道理的作法。

㈡相近的文化環境

　　婚姻乃是兩個人之間最親近、最完全的關係，當事的兩方面必須在生活的某一方面都能適應，方可以建立和諧的關係。由於這個緣故，在相似的文化環境中生長的配偶，比較容易有愉快的婚姻生活。柏吉斯等和克派屈克氏的研究，也都證實這點。這個事實不難瞭解。在相似的文化環境中生長的青年，具有相類似的生活習慣、行爲模式、價值觀念、道德標準等，在一塊兒生活，能相互適應的機會自然較大

。過去所謂「門當戶對」的觀念，實是具有同樣的理由，所以在我國大學生中，半數以上認爲那是可以注意的一種觀念。

近數十年來，人類相互的交往大爲增進，以往因地區、文化環境、社會地位等所造成的差距，已明顯地縮小。我們自然不像過去一樣地重視那些因素；大學青年認爲在擇偶時「籍貫」、「宗教」……等都非值得重視的因素，也正是此故。不過我們應當瞭解，籍貫與宗教的差異固可不必重視，但行爲模式和價值觀念上的差異，却是應當顧到的。在論到配偶的教育程度和經濟情況時，我國大學中男生大部分希望配偶在這兩方面和自己有相等的條件，也有少數認爲配偶在這兩方面可以略低一些。在女生方面則認爲配偶的教育程度宜高于自己（六九％）或和自己相等（三一％），在經濟情況也是如此（認爲配偶宜高于己的爲四三％，認爲宜與自己相等者五七％）。如果再將雙方對於配偶的年齡的態度並列起來看（女性多希望配偶較自己大三、五歲，男性則多希望配偶較自己小三、五歲），就不難看出男女大學生對于婚姻關係中男女兩性的角色，實有相同的看法：丈夫年紀應當大一些，教育程度應當比妻子高一點，至少也不要丈妻子低，出身的經濟狀況宜比妻子好一點，或不宜低於妻子。這也就表明了他們對于夫婦二人在婚姻關係中相對地位和相對責任的看法。在這方面的看法一致時，自能增進雙方的適應。而他們之所以有此相同的看法，乃是由他們是來自同一文化環境與教育背景的緣故。

這並不是說來自不同文化環境的配偶，就必定不能建立良好的婚姻關係。任何兩個人祇要相互有充分的瞭解，又能彼此相互尊重，相互容忍，而且深深地相愛，都可以成爲佳偶。只不過當文化背景相差太遠時，能夠達成那種美滿關係比較難就是了。

這樣不免要涉及「異族通婚」的問題。近年來異族間通婚的事例有顯著的增加。國語日報曾於六十三年五月份以此爲該月專題，每日有專文談到異族間締婚的問題。其中很多文章是以特殊案例來表示支持或反對的意見，雖不能據之以爲立論的資料，但也值得關心的人一

讀。尤其是好幾篇文章所指出的一點：結婚不祇和某一人建立配偶關係，也是加入了另一個社會，因之當事者應考慮自己和那個社會是否能相互接納，是否能相互適應？同時還需要考慮將來子女在那個社會中的適應問題。準備和異國或異族人士締婚的人，應當審慎地思考一下，如果他在這些問題上都有正的答案，那就可以不必顧及膚色或種族的界限了。

(三)健全的人格品質

　　一個身心健康的人，比較容易成一個良好的丈夫或妻子。因此在選擇配偶時，應當注意到對方的健康。一般說來，身體的健康是比較易於察見的；而心理及人格的健康，則似難於註鑑。其實你並不需要太多的心理學專門知識，依照本書第一章所列的幾項標準，就可以頗爲正確地評量對方的健康情況來。或者你還可以從下列幾方面去觀察，如果所得答案是正面的，大概就可算是健康了。

　　「快樂」是心理健康的指標之一。快樂的人顯示他基本的需要獲得了滿足，同時也能順利地適應了環境的要求。快樂的人常沒有太多的憂愁與恐懼，他有適度的自信去處理或應付面前及將來的問題。他並非沒有困難，但困難不會使他沮喪，他有勇氣去接受現實的挑戰，有計劃爲自己開創將來。即使他目前情況困窘，仍然會有機會獲得發展的。

　　健康的人總是會有朋友的。他應能具備一些良好的品質使別人樂於和他相交往，使別人能與之相處。他能和人建立一般性的友誼，然後才可以希望他能和人建立更親近的關係。有些人賦性孤高，獨立特行，不屑於和一般人往來。他們容或在某一方面有令人敬佩的特殊品質，但一般說來，將不會是很理想的生活伴侶。美滿的婚姻生活，應能有助於夫婦二人各方面的發展。如果有人因爲愛上了某一位異性，

而須和其他的朋友疏離，總是值得三思的事。

　　克派屈克氏在論到婚姻關係的預測時，曾經指出凡是當事人的家長和朋友所贊同的婚事，常比較易於有良好的適應。現代青年們多不重視這項條件，認爲婚姻應由當事人自己作主，家長不必干涉，朋友們更無須多管閒事。我國大學生有此種想法的也不乏其人。其實他們沒有瞭解：如果家長和朋友表示贊同時，往往顯示對方是具有一些可取的品質；因之那些意見是具有參考價值的。

　　健康的人必定是會有工作的，而且在工作之外，還會有一些癖好，作爲消閒活動，以發展其在工作以外的興趣。「好癖」對於個體的身心健康是極有裨益的。一個具有多方面興趣的人，他對生活中較多的事物有愛好的態度，從生活中取得滿足與喜樂的機會也就多些，他將能爲家庭加多愉快的氣氛，增添家庭生活樂趣。同時對方興趣既廣，他（她）和你自己有共同興趣的機會自也就增加了，至少他（她）可能會欣賞你的興趣。夫婦之間能有共同的愛好，確是一件很大的幸福。筆者的朋友中間，有的夫婦各會奏一種樂器，閒來合奏，眞個有琴瑟和諧之感。有的夫婦都喜繪畫，舖開紙，一個畫花鳥，一個畫竹石，片刻間寫成一幅美麗的圖畫。還有的丈夫精于佈置設計，妻子很能欣賞他的安排；有的太太長于烹調，先生也善于品味。那樣家庭間的樂趣將大爲增加了。再則一個人對生活中事物興趣較廣，他常會有比較積極的生活態度，不會容易感到挫敗。一般說來，他的生活方式會比較活潑些、輕鬆些，那也正是健康的現象。

　　上述這些條件，是從心理衞生的觀點提出來的。除了這些因素之外，每個人可能還有他（她）所重視某些條件。我們很難籠統地說，那一項條件比較重要或不重要，這是得由整個的情況去判定的。不過擇配是一件重要的事，關係個人一生的幸福（以至于子女的幸福），是值得愼重處理，多方面考慮的。現代青年大都能認識美滿的婚姻是基於「雙方相互的瞭解」，而不認爲「一見傾心」是理想的關係。這一點是值得成年人引以爲慰的。

10

對於「性」應有的認識

　　在談到人類行為的動機時，即使不是專門研究心理學的人，也都會知道「性」是人類基本或原始性驅力中很重要的一項，通常是和「飢餓」、「渴」……等驅力相提並論的。在我國自古以來，「飲食男女」也是同列為「人之大欲」。它們都是生物維持其個體或種族生存的基本需求，也都各具有其生理方面的基礎。

　　個體的生理組織中，有很多器官和組織是直接或間接和性的動機有關係的；不過其中最主要的應該算是性腺（男性的睪丸和女性的卵巢）。性腺除了有產生兩性的生殖細胞的功能之外，還產生多種內分泌素，也就是一般所謂性荷爾蒙。（荷爾蒙一詞，係自英文Hormone音譯而得，原意是各種內分泌腺的分泌物體之統稱，也有人將它譯為激素。並不是單指由性腺所分泌的激素）。在正常的情況下，性荷爾蒙是和性器官的生長及副性徵的發展有密切關聯的。所謂副性徵，就是男女兩性所各特具的身體特徵。如男性青春期喉部軟骨的增大（英文名直譯為「亞當的蘋果」）並使其聲音趨于低沈；陰毛的生長，皮膚靭性之變化等；又如女性乳房之發展，皮下脂肪增加使臀部肥大，皮膚趨于柔軟光滑等。性腺的成熟和性的驅力是有關係的；這種關係在低等動物中頗為明顯。白鼠在截除性腺之後，其性行為即漸喪失。在人類中，由于社會因素的作用，使得生理因素的重要性，相對地減

低；同時也增加了性行為的複雜性。

性的驅力的特色

性的驅力雖然有其生理方面的基礎，但是它和其他生理方面的驅力有不同之處。比如飢餓的驅力是由體內缺少食物，使其化學均衡情況不復存在所引起；此時當事者必須進食，來滿足身體的需要；否則長期的飢餓，將會使身體受到損傷。同樣地渴的驅力是由身體組織缺水所引起，此時必須飲水，以滿足身體在此方面的需要，否則也將引起不利的情況。但性的驅力却不如是，性的驅力雖和內分泌及神經系統的活動有關聯，在動物實驗中已獲得確切的依據；但是在性衝動時若不給予個體滿足的機會，也不致造成機體上的若何傷害。某些由於宗教信仰或其他原因長時期或終身禁慾的人，並未因其性的動機才獲滿足而使其身體組織蒙害。

飢和渴的驅力，也可由外界的刺激（誘因）所引起。比如個體雖在不急切需要食物的時候，看到了食物或嗅到了食物的氣味，也常可喚起食慾，進而促成進食的行為。不過如果將外在誘因和體內需要情況兩者相比較，則後者的作用顯然要強得多。換句話說，這些驅力主要的是依賴體內情況所引發的。在性的驅力上，情形却正相反。一般說來，體內的情況並不居重要位置；倒是體外誘因的影響，來得大些。異性裸露的身體，有關的圖片或文字等，都常可以引起某些程度的性衝動，是人所共知的事實。這個現象，在若干哺乳類動物中，也頗為明顯。非科學性的報導曾指出：在迷你裙出現之後，性犯罪事件有增加的趨向，那並非太令人感到意外的事。

性和社會文化的關係

性的驅力固然有明顯的生理基礎，但是在高級的動物中，生理作

用（內分泌的作用）的重要性逐漸降低。由於性的成熟較遲，這方面的行為自然就會受到學習的影響，性的滿足也將和其他方面的行為發生關聯，而不是單純地由內分泌素（荷爾蒙）的情況去支配。對人類而言，女子性的成熟常在十二三歲以後，男子則稍遲。由出生至性成熟這段頗為不短的時間，我們所受社會文化的影響，十分重要；使我們對於性的態度、性的滿足方式、社會對於性行為的限制、以及性行為在整個社會中的意義，隨著所在文化的模式，逐漸建立。在這種複雜情況下的性行為，明顯地不完全是基于性荷爾蒙的作用了。美國學者希爾格德氏（ Ernest R. Hilgard ）在其所著心理學導論第三版中（ Hilgard E. R. Introduction to Psycholozy · 3rd ed., 1962。按此書現已有第八版，一九八三年發行），曾將性的動機列在「社會性動機」之內，因為他覺得和性有關的行為，所受學習的影響甚為強烈，用「驅力」一詞來稱呼它，實頗牽強。（ 參看該書第一三五頁 ）。

社會文化對性行為最重要的影響，是在性行為滿足的方式上。在人類社會中，一般所認可的方式是透過婚姻的關係，雖然各個社會的婚姻制度、儀節、配偶關係不盡相同，部分人士對其社會中現有的婚姻方式也不很滿意，而且有少數人不接受社會在這方面的規範的限制，但是對絕大多數人來說，那些共有的制度和態度，是頗受重視的。一般來說透過婚姻關係的性行為，所引起的心理衝突較小，所獲得的滿足也將較大，其所建立的兩性關係也較恒久。（ 我們知道有不少的例外 ）。不過從社會的觀點，婚姻關係不祇是在使人們獲得合法的機會來滿足其性的需求，而是建立了一個對人類生活和人格發展至為重要的機構——家庭。關於這一點隨後將再作申述。

當社會文化對性行為建立某些規範以後，人們對于和那個規範不相符的行為，就將另眼相看，而給予某些評價，如視之為「淫亂」、「邪僻」、「不道德」、或是「變態」。自然這些態度和評價尺度是隨著時間在變化的。但無論在那個時代，那一個社會，都會有「異常

」的性行為出現的。

性行為的社會意義

　　大家都知道人類的行為，除了若干反射活動的意義是很固定以外，其他行為的意義，恒不是很單純的。用一句心理學的術語來說：沒有一種行為是恒由某一項動機所引起的。進食本是基於飢餓狀態所生驅力的作用；但是我們細想一下：有多少人並不是單純為了塡飽肚子而吃東西的？有些人愛上豪華的飯店去吃東西，為的是提高自己的地位；有些人專挑有特殊烹調的地方去吃東西，為的是顯示他懂得吃的藝術；也有人則專找「價廉物美」的場所，為的是讓別人知道他「精明」；喝咖啡有時是表示「洋化」，吃半熟的牛肉餅有時是趕時髦；另一方面還有在異國到時候吃一頓家鄉飯以慰鄉愁，或是經生持齋以求不傷生命……在一個社會裡，什麼東西不可以吃，什麼東西可以吃，該怎麼吃，應當在什麼情況下去吃……都有說不盡的花樣。然而這些都和基本的飢餓驅力毫無關係。如果有人想寫一篇飲食的社會意義，倒眞有數不盡的題材的。

　　和飲食常相並列的性行為及其有關的行為，也一樣地不是完全為求性的滿足而表現的。在我國「無後為大」這觀念還相當普遍，性行為和孝道發生了關聯，「傳宗接代」看成結婚的基本任務。（事實上從生物學的觀點，它原本是性行為的主要任務。造物者之所以使性行為成為產生快感的行為，應也是在求使種族生命得以綿延）。而不結婚在過去是可以看成不孝的行為的。有些社會裡，男子逾齡不婚會視為「無力成家」；女子逾年未嫁則定是德、容、工、言四者上有缺失；而那兩項評語都是人們所不喜悅的。今日這種看法依然存在，用的理由或有不同而已。

　　在很多社會中，贏得異性的青睞是具有某些意義的。在男性方面，每每是因為他的強健、勇敢、才幹、或者文采等出衆，爭得武士、

英雄、詩人等頭銜；在女性方面，則多是美貌和魅力的作用。若干女性之要男子拜倒在其石榴裙下，為的是證明自己的美貌確足以顛倒衆生，而不是單純「性」的作用，男人有時為了爭取一個女性，不惜和人相爭、決鬥，又何嘗只是生理驅力使之然。

至於以妻妾的數目做財富或地位表徵的事實，歷史上屢見不鮮。有權位的總得有三妻四妾，做皇帝的就少不了三宮六院；那些行為的意義，並不難了解。就是在今天，那些象徵的作用並未消失。億萬富翁之要迎娶總統遺孀，動機當不會止於「性」而已。

性的行為一向都受到社會的約束和抑制，這個現象已不為近代若干人們所接受，他們主張採取比較開放的態度，對某些和社會不相符的性行為，比如婚前的性行為，婚姻關係以外的性行為，以至於同性戀等，都採默許或放任的反應。這些態度之會隨著時代而逐漸改變，是很自然的現象。不過少數人的表過于偏激，也是不爭的事實。甚至還有一些人，標新立異，創出了一些新花樣。如所謂「交換配偶」（swinging）「外遇合法化」（synergamous）等。因為這些都只是少數人的行為，此地不擬加以評論；那些人之所以如此作，一部分也是在炫示其「進步」與「開明」的作風，以引起別人的注意。他們或認為這樣做可以增加「性的自由」，事實上却是貶降了性行為的價值，因為那樣做將使人只注意性的生理意義；使人覺得性行為除了是取得身體快感的途徑之外，就別無其他了。

性的動機與心理健康

說到「性」的問題，人們一定會聯想到佛洛伊德（Sigmund Freud）。這位精神分析學的倡導者對於心理學以及對人類行為分析的貢獻，是永遠會受到崇敬的。他對性的慾力和人格發展的關係，是其學說中頗為重要的一部分，却也是其他學者以至于一般人難于接受的一部分。佛氏認為「性」是人類行為最主要的動機，（不過佛氏所

謂性是指追求身體快感的一般趨向,而不是只限于和生殖行為有關的「性」。)心理疾病乃是性動機引起衝突及遭受挫折時的結果。佛氏這種看法,連曾經十分推崇他而且追隨過他的榮赫(C．G． Jung ）阿德勒（ Aifred Adler ） 等都不表同意,以後在美國所興起的新精神分析學派（ Neo-Psychoanalysis ）學者們也不贊同。心理學者和精神醫學家們都瞭解：由於社會對于「性」的禁忌,性的動機所遭受的挫折遠多於其他具有生理基礎的動機;人類在追求「性」的滿足時所引起的衝突和困擾,也比較多些。但是今日行為科學家都認為:真正引起適應困難的,不是那些挫折或衝突本身,而是當事者對於那些挫折和衝突的看法,以及他們學來應付衝突與挫折的方式。

在心理疾病的患者中,誠然有若干人之所以致病,或是和其「性」的經驗有比較直接的關係（包括性變態行為在內）。但是沒有任何一種心理疾病,是完全由于「性動機不能滿足」所形成的。心理疾病（包括精神神經症和精神病）是患者對於其所遭遇到的挫折或困難的適應方式。某些人之所以會採取一般視為異常或變態的反應,乃是他們的人格特質、所處的社會環境、從兒童時期起所累積的經驗……等所共同交互作用的結果;而不是由其所遇挫折的性質所支配的。

說得再清楚一點:各個人行為適應的方式,無論是運動的、語文的、思考的、或社會性的;也不論是正常的或變態的,都是當事者整個人格的表現。對「性」的適應也是如此。

英國當代名心理學者艾遜克氏（ Hans J. Eysenck ）曾研究正常人人格品質和性行為的關係。艾氏認為內傾一外傾品質,是人格的主要因素之一。他指出外傾性強者賦性喜社交、有衝動性、好身體活動、活潑而富精力、喜變化。內傾性強者則適相反。根據這些行為特質,艾氏推測外傾性強者有性行為經驗之年齡將較早,其性行為之頻率將較高,其性行為之對象將較多,並可能採用較多種方式,而手淫行為將較少。外傾女性在性行為獲致高潮（ orgasm ）之機會將較多。內傾性強的人在這些方面均將與之相反。艾氏以問卷調查了八百名

十八歲至二十四歲未婚的英國大學生（男女各半），問卷中包括了有關性格傾向和性行為經驗的問題。所得結果和其預測的情形完全相符。艾氏並指出德國兩位學者 Hans Giese and Gunter Schmidt 也曾用類似的方法。調查了約六千名德國青年（多數未婚），也同樣地發現內外傾品質和性行為有關。

艾氏並發現內外傾者在對性行為的態度上，也顯然有別。外傾性強者常持比較寬容、放縱的看法，不重視在性方面的「忠實性」；內傾性強者則多持較保守的態度，比較重視貞操，而不太重視生物性的因素。同時外傾和內傾男性對於異性體態的看法和所欣賞的對象，也各不相同。

還有一點值得注意的，就是在精神病品質（ psychoticism ）和精神神經症品質（ neuroticism ）上分數較高的被試，所表現的變態性行為較多；他們的性驅力顯得較強，其適應方式和一般人有異；同時這些青年自性行為所獲滿足較常人為低。這顯示他們的不獲滿足，是和其人格品質有關係的。（艾氏所著「內外傾品質和性行為」一文，載今日心理學月刊一九七一年一月號）。

艾遜克氏致力于人格品質有年，他根據因素分析的方法，將人格與人格的區別，歸納為三方面（ dimensions ）的差異。那就是內外傾品質，精神神經症品質（ neuroticism ）和精神病品質（ psychoticism ）三方面各有高低。他發現內傾者和外傾者除在行為傾向有差別外，他們在建立制約反應的速度上、在感覺的閾限上、在對強烈刺激的忍受程度上……也互不相同。在性行為上又復不一致。所以我們可以把他們在後一方面的差異，也和他們的其他差異一樣，看作是整個人格差異在性行為方面的表現。艾氏的研究，也就支持一般心理學者的看法：性的適應不良不是造成心理疾病的原因，而是整個適應不良的結果。

性的適應與婚姻關係

　　性的適應是婚姻關係中的一方面，而且是十分重要的一方面；但是它却也不是婚姻關係的全體。美滿的性生活和美滿的婚姻生活是有密切關聯的，兩者有交互的影響。當適應發生困難的時候，究竟何者是因，何者爲果，是隨著當時情況而異的。有些人整個生活適應不甚理想，其原因是起于性的問題；另一些人的性生活不美滿，却可能是其他方面適應不良的結果。從另一個角度看，一方面有了良好的適應，常可使別方面獲致美滿適應的機會因而增加，但不一定是必然的結果。

　　婚姻是兩個個體之間最親近、最完全的關係，事實上也是最難適應的關係！因爲它牽涉到兩個人每一方面的品質，也牽涉到生活的每一面。要能相處和諧，琴調瑟順，需要時間、需要耐心、需要雙方的相互瞭解、相互體貼、以及相互顧意使對方獲得充分發展和滿足的相愛之心。很多問題，比如飲食習慣、用錢的態度、交遊的範圍、和配偶親屬（特別是父母）的相處、家庭中事務的分工……以及性生活等，都常需要逐漸的相互適應。而不是在兩個人冠上夫妻名義之後，就立刻全部進行順利的。

　　有很多人（包括大部分精神科醫師）常把婚姻關係的失敗，歸咎于雙方性生活的未能適應。當然有一部分事例是屬于這種情況的；但是在多數事例中，這種診斷常犯了因果倒置的錯誤。因爲性生活之不能適應，常是夫婦雙方在婚姻生活的其他方面未能調適的結果，是雙方失調的症狀，而不是原因。

　　「滿足」一詞，並沒有客觀的標準，而是憑主觀的感受去決定的。卽以飲食等較簡單的需欲來說，由進食或飲水所引起的「滿足感」之程度，並不是以食物或飲料所含的營養成分或卡路里量爲依據的；當事者主觀的態度和其本身的情況常有較多的影響。性的行爲涉及兩個人的關係，雙方的感受，是由其彼此對其配偶的整體之感情與態度來決定，而不是由局部因素所支配的。「性」的關係不止身體的接觸，而是兩個全人的關係。

　　相愛的夫婦，彼此都會努力去瞭解對方，都會努力增進對方的喜樂。一個好妻子定會知道丈夫飲食的習慣，會烹製丈夫所愛吃的東西；一個好丈夫定也知道妻子衣着的習慣，會爲妻子購置她所喜愛的服飾。他們在生活每一方面都是盡心盡意爲對方的幸福着想；在性生活方面也將會如此。因爲性的關係也是向配偶表達愛和情感的行爲。凱溫氏（R. S. Cavan）說得好：「相愛的夫婦能在性的關係中獲得最完美的適應，最大的滿足」（見其所著美國家庭一書中，第二六一頁，一九五七年出版）。

　　由於一般人對于性的問題不甚瞭解，若干人就利用此種心理，出版了一些以「愛的藝術」爲題的書，甚至說是醫師或心理學者所寫的。這些書有些是變像的黃色作品，有的則似是而非地強調性關係的所謂「技術」。它們對讀者並無若何幫助。在人與人的各種交往裡，重要的相互的瞭解和彼此的感情，不能專憑技術的。製造一件沒有生命的事物，可以祇講究技術；對待一個有生命有感情的人，僅憑「技術」是不夠的。教師不能僅憑技術教學生，醫師不能只憑技術醫治病人，擔任管理工作不能只憑技術對待他屬下的工作人員。一位資深的醫師最不喜歡別人稱道他的醫術，他說：「爲良醫者賴其有仁心，不止于醫術而已」。夫婦之間，重要的彼此誠心相愛，不需要借重任何技術；同時白頭偕老的恩愛關係，也不是任何技術所能維持的。

婚前性行爲問題

　　婚前性行爲在過去是社會所嚴格禁抑的，認爲那是極不符道德標準的行爲；女性有此越軌行爲的，尤爲人所不齒。近數十年來，一般社會對此項行爲的拘束態度已漸放寬；西方社會更是明顯的默許婚前性的關係。照金賽諸氏在美國所作調查，發現在其研究對象中承認有婚前性行爲經驗者之比率，有如下表：

年　　　齡	女　性	男　性
十五歲以下	三％	四〇％
十六歲至二十歲	二〇％	七一％
二十一歲至二十五歲	三五％	六八％

　　我國在這方面，尚沒有若何系統性的調查。以我國社會一向重視倫理道德觀念情形推斷，一般男女還是慎守禮法，絕不會如西方社會那麼放任。不過社會在此方面的態度也有一些改變，似乎是不可諱言的。

　　對于婚前性行為的看法，就是在西方，大家也並不一致。有的反對，有的贊成，金賽諸氏把雙方所表示的意見，綜合起來，以為比較。現在將其中比較重要的意見節錄出來，以為參考：

甲、反對婚前性行為的理由

　1. 有懷孕的可能；若實行墮胎，則有危險。

　2. 有感染性病的危險。

　3. 因有性關係而被迫締婚，不一定美滿。

　4. 當事人可能因此產生罪惡感。

　5. 當事人有將受人輕視的恐懼。

　6. 當事人常就憂此項行為影響婚姻關係。

　7. 由於婚前性的關係，可能使當事者過分重視友誼與婚姻間的生理因素。

　8. 婚前的性行為常易導致婚後與外人的越軌關係，而使婚姻受損害。

　9. 婚前性的行為多係不正常的情境下發生，每易造成創傷性經驗，對婚後正常關係有不利之影響。

　10. 婚前已有性關係之雙方可能習慣于那種關係，反延緩其婚姻。

　11. 婚前性行為是違反道德標準的行為。

　12. 婚前性行為可能引起法律上的問題。

　　（原著中列有二十款，次要者略去）

乙、贊成婚前性行為者：

1. 使雙方生理方面的需要獲得滿足。
2. 比正當的性行為更能培養一個人適應別人情緒需要的能力。
3. 它可能增進一個人在婚姻關係中某些方面的適應能力。
4. 它可能訓練和婚姻關係有關某些生理方面的「技術」。
5. 它可以測驗男女雙方是否能在婚後有良好的性的適應。
6. 在年輕的時候學習適應別人在情緒及生理方面的需要可能比較年長時容易些。
7. 雙方在婚前性行為上若不能相互適應，將不若婚後的不能適應那麼嚴重。
8. 婚前性行為可促成婚姻關係。
9. 有防止同性戀傾向的作用。
10. 在某些團體中，婚前性行為是受到鼓勵的，因此具有此項經驗的人可以獲得較高之地位。

（原著中有十二條，經濃縮為十條）

細察上述反對方面的理由，有一些或會因情況的變更而失去了其相對的重要性，例如受孕的危險已因目前避孕方法的改善而降低，墮胎在某些地區已經合法化。另一些或因社會態度的改變而不若以往那麼嚴重：如「受人輕視」、「被迫締婚」等。但是婚前性行為對于婚姻關係，所加于當事者心理上的負擔，以及婚後性生活態度等，是難免毫無不利的影響的。特別是比較保守的文化環境中，它所造成的困擾，往往不是止于短時間或局限于一方面的。

至於贊成方面的理由，筆者有意不加省略，讓大家可以看到婚前性行為究竟有多少「好處」，同時也可以看看這些理由究竟充分到什麼程度。「可以獲得生理方面的滿足」一點自然是十分確實的。尋求滿足本無可非議，祇是以此為由就認為一切取得滿足的行為都該被接受，似乎過於牽強。有助于婚後性的適應，大約是贊成婚前性行為所認為最重要的理由。但是這個假想並無任何事實作依據。因為一個人

對于一種經驗的感受，是隨著當時身心狀態及外界情境而改變，而不是固定的；絕不可能因婚前有滿足的經驗，就可保證婚後有美滿的適應。果眞如此，則婚前性行爲更不應鼓勵。因其常在緊張與罪惡感籠罩之下進行，通常不易有最滿足的效果；若這種傾向是固定的，它對婚後關係的影響自然是反面的了。

至若以婚前性行爲作爲「訓練」的機會，以期增加婚後的適應，更不能算是好的理由。柏格斯氏等（E. W. Burges & L. S. Cottrell）曾調查美國夫婦在婚後各方面適應的情形，發現雙方往往需要較長的時間，才能相互適應。以性的關係來說：約有65％在婚後不久卽能適應；12.5％在一年之內始能適應，10％在一年以上至二十年中先後適應，還有12.5％是一直未能完全適應的。如果希望在婚前加以訓練，那麼這項訓練是將無若何補益的。至於以「婚前性行爲」來測驗婚後是否能相互適應一點，則尤無實際意義。人與人的關係是有賴於一個「誠」字；假使雙方都存著「測驗」對方的態度，就連最起碼的友誼也將不易建立。何況要以此去作恒永婚姻關係的基礎哩！

筆者並不準備對這個問題作若何評判，只是將金賽諸氏所列舉的正反兩面理由，提供大家作爲參考。讓注意這個問題的人去自作權衡。

也許有人要說，旣然社會上很多人已不把婚前性行爲當作重要的一回事，我們也無須再注意它。這種態度有兩點可推敲之處。第一：我們是否接受某種行爲模式，除了注意社會一般人的趨向之外，還應能顧到它對我們是否眞正有益？不能完全隨波逐流，盲目地跟著別人走。特別是當一種行爲模式是來自另一個文化環境的時候。第二：當「很多人」在倡導一種新的行爲方式時，我們也宜弄清楚一下，究竟「很多人」是多少！有時候在新的潮流澎湃時，很容易給予人一種錯覺，以爲那是大勢所趨；而事實並不如是。艾遜克氏在前述的研究中，同時還發現一件事實：在其所調查的英國十八歲的少女中，有八〇％尚屬處子。艾氏初不肯相信，因爲照他的印象似乎會低于那個比率

。（筆者在一九六一至一九七三年之間，曾在英國住了三年，也和艾氏有相同的「印象」）。但是艾氏將其調查的結果，和另一位學者史葛費樂德（Michael Schofield）在英國調查一般女性（非大學生）所獲結果相比較，却是完全一致的。而且艾史二氏在英國調查所得資料和金賽諸氏在美國研究的結果，也不謀而合。可見那個比率是甚為可靠，而相反地我們平日所得印象是受了大眾傳播工具的影響，和事實頗有距離的。如果我們跟著那個「印象」就起而效尤，就將有困難了。

在我國，目前尚沒有像金賽和艾遜克等的調查研究，但是社會對於「婚前性行為」都持不贊同的態度。筆者在最近曾進行一次小規模的調查，在為數三百二十一名的大學生中，認為「婚前性的關係」是「不應當有的行為」的，男生佔八二‧七％，女生佔九五％。而對于「婚姻以外的性關係」持不贊同態度的，人數更多。這顯示我國青年對于性行為，是採取比較審慎的態度。

西方對性放縱的原因

至於西方社會對于性行為表現極為放任的原因，一般認為和下列幾項事實頗有關係：第一、社會對於婚姻以外的性行為，採默許的態度；甚至有人把社會原有的約束，視之為「傳統生活方式」，如是和社會共有習俗相背的行為，反被加上「開明」的標籤，因而含有若干鼓勵的作用。第二、女權解放運動的興起，使女性在各方面爭取和男性同等的權利和自由。如是若干女子認為她們也當有主動追求性的滿足的機會。第三、崇尚自由的觀念，被一般人所曲解；認為性行為是個人生活的一方面，應當可以完全憑自己的意思去做，而不必考慮旁人的態度和社會的規範。

朱瑞符氏（E. A. Dreyfu）並指出另一個因素。他認為在今日西方社會中，由於過分崇尚物質的需要，一般人間關係，趨於冷漠，

使大家有一種孤獨及與人疏離之感。這種心理，在青年期尤爲明顯，因之他們都急切地要和某些人建立親暱的關係，以增加心理上的安全。但是朱瑞符氏認爲一般缺少深厚感情的性關係，是只限于身體的接觸，並沒有能滿足大家眞正的需求。

前述史葛費樂德氏的報告裡，還指出了一件令人注意的事實：在他所調查的對象中，那些已有性行爲經驗的未婚女性，多數是對異性不大具有吸引力（ less attractive ）的女子。艾遜克氏認爲這是易于瞭解的現象。因爲在其他方面具有吸引男性能力的女子，就不必完全憑著「色相」去博取對方的注意；而缺少吸引力的女性，則唯恐失去對方的歡心，乃肯輕易以本身的貞操，來維繫其關係。一般人是透過婚姻的關係取得性的經驗；缺少吸引力的女子則是利用性的關係以達到婚姻的目的。

前面已經談到艾遜克氏在其研究中所發現的一項事實：那些精神病品質傾向和精神神經症品質傾向強的被試，在性的需求上常較一般人爲高。這些人在一般生活適應上所遭遇的困難，往往較一般人爲多，他們取得滿足的機會，也較一般人爲少。我們很有理由相信：他們強烈的性的需求，實含有補償的意思。如果照這個理由去解釋，那麼西方今日對于性的放縱行爲，也可能暗示人們在生活其他方面，未能獲得滿足。

結　語

「性」是一個重要的問題，也是人們生活重要的一方面。青年們對于這方面的知識，發生興趣，是正常的現象。本文所陳述的，是一般人對于「性」應有的瞭解，是一些基本的觀念。讀者在這方面若有什麼疑問，應當向公立或規模較大的醫院的醫師去求教。筆者本人自也樂意在所知的範圍內，接受青年朋友們的諮詢。

11

工作和心理健康

「人應當有工作」該可以說是天經地義的一句話，沒有人會懷疑它的眞實性。平日在討論這個觀念，多半是採社會的、經濟的、或是道德的立場。在一個社會中，大家都該做些工作，貢獻出他的勞力，爲社會服務，這是常聽到的說法。每個人必須工作，取得報酬，以養活他自己和他的家庭。這個觀念大約是最爲普遍的，也常被看成工作最重要的目的。再有在今日社會中，我們以勤勞形容有工作的人，不做工的人就被冠上懶惰的頭銜，而是爲人所不齒的，好像在品德上是低于常人的。

這些觀念從兒童時期開始，就逐漸進入人們的腦海，很多兒童讀物中，「不做工的沒得吃」是常見的主題。如果故事是以動物爲中心的話，那麼豬常是被指作爲不做工的角色，而其最後的結局就是在過年的時候被主人殺掉。不作工的懲罰被裁定得如此嚴厲，無非是要人們從小時候開始，就建立一個印象：人必須要有工作。

工作在社會上，在經濟上，在道德行爲上的意義是十分明顯的，不過除了這些以外，它還有其在心理方面的意義，它是保持及增進心理健康的重要因素。有人稱之爲心理方面的維生素，也不爲過；因爲它雖是人不可或缺的。健康的人都有工作，而沒有工作的人，頗難維持其身心健康。塞爾尼（ Hans Selye ）醫師畢生致力于心理緊張和

壓力的研究，他却指出工作是達到壽而康的必經之路。下面我們試將
工作在心理方面的意義簡作說明。

(一)工作可以增進個體的發展

　　人們的身體從胚胎時期開始，一直隨著年齡逐漸增長，經過出生
這個階段，仍然繼續生長，到成熟時期，才告停止。在生長過程中，
有些器官組織，成熟較早，有的較遲；有些器官系統，生長的現象比
較明顯，另一些器官的增長則不易被察見。這些都是自然的進程，由
造物者預作安排，不用人們去操心的。但是我們如果要使自己身體能
夠充分發展，長得健壯，那麼就得在兩方面努力：第一是使身體依照
其需要，獲得適當的食物（包括陽光和空氣），同時使它不受疾病及
其他有害刺激的侵擾。第二是合理地運用身體的各部分。這一方面以
往未受到大家的注意，其實它也是十分重要的。

　　關于食物營養和生長的關係，每個人似乎都知道一些，此地不擬
多說。關于身體各部分的運用，通常是透過兩種方式，就是工作和運
動。工作和運動都是在運用身體的器官和組織，不過運用的部分和使
用的方式各有不同而已。這兩者對于身體的發展，都有裨益。一般說
來，運動的效果，顯而易見；像徑賽選手的腿，網球家的胳臂，游泳
和舉重明星的胸腔，都是很好的例子。

　　有人曾經用狗做過一個實驗：將狗關在籠子裡，飼養約一個月，
然後在其右後腿上施行手術取出一條肌肉，在顯微鏡下仔細觀察肌肉
纖維的數目及其大小。當狗的傷口痊癒之後，就讓它出籠跑動。開始
每天跑得不多，以後逐漸增加，至二十日後，每天跑約四十里。這樣
經過了四十天之後，再在它的左後腿施行同樣的手術。取出和前次相
同的肌肉，將其和前次所取的兩相比較。結果發現從左腿上取得的肌
肉較右腿上所取的大了約一半，雖然肌肉纖維的數目並沒有增加。這
個實驗證明了我們平日的想法：適當的運動，將增進身體的發展。

　　工作和運動，從運用身體器官的觀點，並沒有區別。比如像上述的運動，對狗來說實具有工作意義。我們工作的時候，也是在運用身體的器官；而運用的部分則依工作性質而異。在某些工作中感覺器官負擔較重，有些工作中運動器官較爲辛苦。在幾乎所有的工作中，神經系統（特別是大腦）都擔任了十分重要的角色。也許有人要問：工作對於大腦的作用，是否也和運動對于肌肉的效果相同呢？

　　這是個十分有意義的問題。人們常以爲工作是給腦子增加了負擔，對它是可能有損害的。「傷腦筋」是大家常說的一句話；「用腦過多將引起神經衰弱」，也是很多人所有的想法。人們似乎有一個印象：腦子是個脆弱的器官，很容易被用壞或受傷的。其實這個想法並不正確。

　　有人曾進行過一個比較研究。將生來失明而早年夭折兒童的大腦枕頁，和與之年齡相近夭折但視覺正常兒童的大腦枕頁相比較，發現兩者的神經細胞數目並無區別，但是後者的細胞體却較前者的細胞體爲大，同時後者的神經纖維恒較爲長，而且神經細胞之間的聯絡也較爲多。換言之，後者的枕頁部分之發展較前者爲優。大腦的枕頁乃是視覺中樞。生來就失明的兒童，根本沒有視覺，枕頁部分的神經細胞就沒有工作；視覺正常的枕頁則常是十分忙碌的。現在發現後者的發展優于前者，也就證明腦部細胞也正和肌肉纖維一樣，會因爲適當的工作，而獲得比較良好的發展。

　　這些事實說明身體各部分，需要經常的運用，才能充分發展；而工作正是給身體器官獲得被運用的機會。自然生長的進度，和年齡有關係。不過有一個與此關係密切的現象，是經常存在的，就是：缺少適當的運用時，身體器官將呈現萎縮的現象。那該是眾所周知，不必說明的。

（二）工作可以使你獲得滿足之感

　　研究行為動機的人，都知道「追求成就」是人類行為極重要的動機。雖然它並沒有生理驅力的基礎，而是由于學習所獲得的動機，但在一般較高的文化環境中，却是普遍存在；更因為家庭學校以及社會的鼓厲，它已成為了今日一般人行為的重要動力。

　　每個人都有過很多這樣的經驗：上課時計算了一則難題，旅行時爬到了山頂，在家裡修好了電燈開關，幫助一個小孩或老年人走過一座小橋……大家也定能記得在做完那些事以後的愉快和滿足之感。那正是我們所需要的。

　　為了去滿足這方面的需要，人們會去做各樣的工作。工程師設計房屋和橋樑的建築，科學家埋首于實驗室的研究，藝術家整天浸潤在調色盤中，小孩子在用心疊他的積木……各人所作的工作彼此不同，但當他們完成了其所做的工作時，最大的報酬，就是他們內心滿足的感受；工作期中所經歷的辛苦，也完全消失了。據說唐宋八大家中的王安石曾經為他那句「春風又綠江南岸」，推敲了不少時間。他開始用了「到」字，不甚滿意；接著又改為「滿」字，仍覺不夠好；最後想到了「綠」字，自己也不禁拍案叫絕。我們當不難體會到他當時由於成句而獲得的滿足之感。

　　雖然「成就動機」之被重視，祇為近數十年的事，但若從社會上若干行為去推測，它似乎早就被人注意到了。像猜燈謎、玩九連環這些玩意，已有相當久遠的歷史。編製燈謎的人常會用盡心機把謎語做得天衣無縫，要去難倒別人；面猜謎的人也肯聚精會神去推敲、捉摸、希望能射穿燈虎。有時固或有賞格助興，但多數時候他們所追求的，祇是猜中了時的「成就」之感，而不太在乎物質上的收穫。也許這類事物之所以存在，就是為了給人們增添一些獲得成就的機會。在西方報紙上的方塊字謎都是沒有獎品的。但是每天却有不少人為它去「傷腦筋」，地下火車裡，馬路上，甚至於課堂裡常有人捧著報紙，對著那些小方格兒沈思，他們在猜中一個字之後，每每會興高采烈，忘其所以地手舞足蹈起來。他們當時所獲得的，就是「我做成了」的滿

足之感。

　　隨著成就而來的，乃是對自己的信心。做成了一件事，就讓自己確切知道本身具有某項工作的能力。很多時候，一件工作可能看上去十分繁複，當事者沒有把握能將其完成，不能確定自己是否勝任；只有在實際做的時候，一步一步的成就，使其信心增加；而在有了較高的自信心時，本身的能力常更能獲得充分的發揮，取得更大的成就。對工作者來說，這乃是極寶貴的經驗。

(三)工作給予個體「自我表現」的機會

　　「自我表現」這一句話常容易和炫耀的意義相混淆，因之平時我們似乎不很鼓勵人去求表現。其實「自我表現」是每個人都有的傾向，而且也是一種頗為明顯的動機。通常人們都是用語言或動作，來表現其意念或願望。我們只要看嬰兒在醒著時很少是靜止不動的；從他牙牙學語以後，就不停地想說話，就不難看出這想要表現自己意念的傾向，是不待學習的。

　　在發展的過程中，兒童的行為逐漸社會化。他要學著循社會所容許的途徑，滿足其本身的需求，也要學著以社會所認可的方式，來表現本身的意見和願望。同時也要使本身的能力與才華，獲得施展的機會。如是工作就成了最合宜的自我表現的途徑。

　　當文學家寫一篇文章時，他利用文字表露了他的意見，表露了他運用語文的技巧，同時也表現了他利用文字啓迪別人思想的能力。當建築師設計一項工程時，他也是在把他的專門知識，對于各種材料適度運用的能力，對于工程環境的瞭解與配合的技巧……等。從他的構圖設計之中，表現了出來。其他的工作者，也是如是。而且他們的人格特質，也往往在其工作成果中，表露無遺。

　　每一種工作雖各有其特殊的要求，但是在多數的工作上，都還留有餘地，讓工作者有機會表現他的構想，他的觀點，以及他的方法和

技術。特別是近二三十年來，大家對于創造性十分重視，儘量在工作上減少一些不必要的約束和限制，而使個人的思想和意見獲得較多表現的機會。這種傾向在各個學科領域中都明顯存在，在文學和藝術方面則更明顯。一種新的觀念的孕育，往往需要頗長的時間；而在觀念或構想形成之後，總是需要有機會被運用，實際地表現出來，才更能察見他的意義和價值。各種工作常是可以提供機會，把若干新的觀念表現出來，因而又轉可促進觀念的改進。這也就促進了個體的發展，也正是自我求表現的最終目的。

嚴格說來，自我表現不僅是人類共有的動機，也是做人的基本責任。從整個文化發展的觀點，每個人實都負有承先啓後的責任，把過去累積的知識接受過來，和本身的智慧、經驗融合在一起，再以各種不同的方式表現出來，傳遞到後一代去。這中間有的只是保存了以往的成就，有的或是將它改進了，擴展了；有的或竟是新的發明和創造性的成果。這些若不使之表現出來，則文化的傳遞工作就將受到影響了。而這種傳遞的過程顯然是透過各種工作的形式在進行的。

㈣工作可以排除不必要的憂懼

每個人都偶爾會有些不愉快的經驗，因而引起憂愁、恐懼、或悲哀的情緒反應。這些都是我們所不喜歡的；但却並不容易控制它。顏回不幸短命死了，孔子爲之十分悲慟。他的門弟子勸慰他不要過于悲傷，孔子回答說：「像顏回這樣的好學生死了，我又怎能不傷心呢？」

我們也時常勸慰別人：「不要傷心」、「不必害怕」、「不要去想它了」！這些話實際上沒有太多效用，當事人也並不希望把自己陷入悲哀或恐懼之中，但他常不容易控制自己的情緒，也無法自動地排除心中的憂懼，保思想領域保持成爲一個眞空。你假使希望不要想某一件事，只有一個辦法，就是去想另一件事。排除憂懼最好的方法，就是工作。讓工作把腦子佔領了，憂愁和恐懼就無從進入了。

　　過去人們以爲清閒是一個人的福氣，現在大家知道那個想法不甚正確，清閒通常只會爲人添一些不必要的煩惱。所以正常人都要做些工作。即使已經從職位上退休的人也不例外。近數十年來醫院對於病人也摒棄了所謂休養的方法。即以精神病人爲例：過去總人爲此類人宜多休息，讓他們整日躺在床上，或是搬到鄉下清靜的地方去休養。現在卻不同了，「工作治療」成了醫院中重要的項目。只要病人不是在極端暴躁的狂躁狀態，就讓他多少做點工作。如繪畫、編織、縫紉、雕塑、陶器、漆工等，由病者各自依照自己的興趣和能力去選擇。這樣是想將患者的興趣，導向實際的生活，而不致長久沈溺在其幻想的世界裡。也就是說，讓病者把思想和注意逐漸移到實際而具體的工作上來，而不復有機會思慮那些不必要就憂的問題，同時也從工作中體會到適應生活環境和人間關係的情況。近年來工作治療的應用日益推廣，若干醫院對某些慢性疾病（如肺結核）患者也施以同樣的處理，效果甚爲良好。十年前筆者曾有機會參觀歐洲各大城市中的醫院，發現他們對「工作治療」甚爲注意。維也納大學醫院霍甫精神醫學中心的工作治療室，就是病人動手修建的，醫院裡應用的資料袋，也是工作治療的成品。

　　所謂不必要的憂慮，是指那些沒有實際危險的情況，或是雖有危險而我們無法作有效控制的事件。「杞人憂天」是屬于前者，天災或戰爭常是屬於後一種情形。像後一類情形，人們除了妥作應急的措施之外，別無他法；憂急也無補于事。記得抗戰時期，常受敵機侵襲。發放空襲警報時，大家趕快避入防空洞；警報解除後，又恢復工作。緊張的心情，隨即就過去了。附近的一位老者卻不能如此。因爲他沒有工作，有時間去作--些不必要的就憂。每遇晴天，他很早就收拾好一個包裹，坐在屋門口，望著對面山上的信號球桿，「等著」那邊掛上警報球來。雖然並不是每個晴天都有空襲的，但對他都是一樣，整天在緊張的心情下渡過。如果他當時也有一份工作的話，他一定會過得輕鬆些。

　　這裡所說的是用工作去排除不必要的憂懼。「不必要」三個字頗為重要。因為正常的憂愁和恐懼，是表示當事者遇到了真正困難或危險的情境，而必須採取適當措施去應付的。有些人把自己的生活，安排得十分忙碌；使其對於一些應當處理的問題，也不暇顧及。那祇是一種變相的逃避方式，而不是健全的態度。

(五)工作可以保持和現實環境的接觸

　　健康的人應當生活在現實的世界裡。和現實相對的是幻想的世界。這並不是說：健康的人就完全沒有幻想。每個人都偶爾會有些幻想。像幻想自己在某方面有卓越的成就，幻想自身因某一原因獲得別人的讚賞，幻想自己在某方面獲得極大的滿足等，是十分普遍的。已有的研究指出：在大學生中，幾乎每個人都曾有過這類「英雄式」的幻想。不過健康的人的幻想通常是十分短暫的，不會妨碍他的工作和其人間關係；而且他們常可以利用它來補償在工作過程中未能獲得的滿足，或加強工作的動機。

　　不過幻想却有幾個很重要的缺點：第一是浪費時間，有些人常沈溺在幻想之中，什麼事也不肯做，讓大好時光在無所事事之中溜走，那自然是十分可惜的事。第二是幻想中的滿足全是不實在的。幻想固然可以很美，但是只是鏡中之花，水底之月，沒有實際的存在，也不能解決實際的問題。第三個缺點，也就是在於幻想太美好。它可以完全憑自己的意念去創造，完全依自己的需要去取得；既不需要努力，復無任何危險。因此在相比較之下，現實是「醜惡」多了。如是在幻想中長久遨遊後，囘到現實裡來的人，常感到更難滿足，更加痛苦；幻想對他的吸引力乃轉為更增加，促使他再鑽進幻夢中去。久而久之，他就更「樂不思蜀」，在幻想中留連忘返了。

　　減除幻想最好的方法，就是工作。工作總是實實在在的一囘事。在做工作時，每個人總是在接觸一些實際的事物，在一個實際的環境

中活動，和另一些人發生交往，這些經驗都是很實際的。同時為了增進工作的效果，他必須努力去認識其所在的環境，瞭解其所進行工作的性質，因此他就易于留在現實裡。他甚至於可以利用幻想中的藍圖，逐步改善其實際的情況；那樣幻想就成了理想或計劃，成為了工作的動力，而不再具有消極性的作用了。

(六)工作可以使人不過於注意自己

我們每天有多次上下樓梯或出入房門。假使有人當你在剛上樓梯時問你是那一隻腳先踏上樓梯，你定不能囘答出來。同樣地你也不會記得是那一隻腳先跨出房門的。這是正常的現象。健康的人多半時間是把注意放在四周的事物上。登樓時注意的是梯子，出門時注意的是門閾；這樣才能使自己的步子配合外界的情況，而可適應得宜。若是一個人把注意集中在自己的腿上，立刻就會有動作不自然，舉步不靈便的情形。這時你是等於將自己的環境分開，因之就難予取得協調了。

初次登台演講或演劇的人，往往有怯場的表現。兩隻手不知該怎麼放才好，一會兒插在口袋裡，一會兒又拿出來。這也就是過于緊張，過于注意自己的緣故。因之舉止不能輕鬆自然。有些人在參加宴會時，由于過分注意自己，而表現出一些看上去笨拙的行為。

也許有人會說：那麼我們就不要太注意自己好啦！可是那並非太容易的事。有時你愈那麼想，反而愈糟。最好的方法就是工作，讓工作把你的注意導向外面去。

有了工作，使你專心致志去做某一件事，就不容易想到自己。心理學家和精神醫學家都不希望人們太過于注意自己，想到自己，或是從自己身上或幻想中去尋求滿足；而認為人應藉著工作的連繫，和四周環境中的人及事物建立起和諧的關係。初級小學兒童的作文中，「我」字出現的次數最多；家長和教師的任務就是要逐漸培養兒童對于他人和其他事物的興趣。因為發展的最終目標，是要使一個純生物性

的嬰兒生長成爲社會化的成人。個體如要能順利地適應社會生活，就不能過分注意自己，就必須工作。

過分注意自己的一個毛病，就是常會將原來正常的現象，看成不正常或病態，給自己添了若干不必要的煩惱。內科醫師經常聽到病人訴說一些病狀：如「我聽到自己的心跳」、「我摸不到自己脈搏」、「我的小便顏色太黃了」……事實上那些現像都是正常的。心臟是無時不在跳動的；平時我們忙於工作，不去注意它，就聽不到它的跳動，夜深人靜時，你若未曾睡着，就常能聽到；此時你倘若誤以爲那是病象，因而有點緊張，心跳就將加速，如是你將聽得更清楚。這些人的病，常祇是「自擾」而已。有些病人經常察看自己的氣色，隨時去按自己的脈搏，等到去看醫生時，能道出一大串症狀，「如數家珍」。有時因爲毛病太多了，還得事先寫個條兒，照著去唸出來，以免遺漏。通常醫師們遇到了這些口袋裡帶個條兒的病人，就已能曉得幾分病情：他們太過于注意自己。正常有工作的人多不會如是。

根據以上的分析，我們當能察見工作的重要性。它不僅是具有經濟上的意義，同時還關係著身體和心理的健康。所以每個人都得有一份工作，有一份適合于他的工作。爲了協助人們達到這個目的，近代社會中對於職業輔導工作非常重視。職業輔導的原則是：使每個人能安置在最適當于他的工作位置上；同時使每一項工作或職位能找到最適當的人員。這是對個人對社會都有益處的事情。

在實施職業指導時，通常需要先對各項工作作仔細的分析。它包含些什麼內容？（是語文的、圖畫的、數量的……）它需要運用什麼功能去進行？（感覺的、運動的、認知的……）它所需要的心智活動爲何？（記憶、計算、辨別……）它的工作者應具備的智慧水準，一般學校教育，專門性訓練，人格品質……等。這一些資料如果都很完備，就可根據它們去物色適當的人員。工作分析做得愈好，甄選人員也將愈便利，愈爲客觀。同時也可以使求職的人對于工作有比較明確的瞭解，而能識別它是否適合于本身的情況，不致單純地憑著待遇的

多寡或職位的高低去選擇工作。

這並不是說待遇不重要，事實上待遇是非常重要的。求職者必須也顧慮到工作的薪給以及其他有關的待遇，比如每週工作的分量，工作的物質環境，加班或工作量超過規定時的報酬，紅利及保險制度，升遷的機會，進修及發展的可能性，以至于退休制度等。這些待遇以及工作的社會地位將會間接影響及工作者從工作所可能獲得的滿足。因為社會上常會從這些資料來衡量某項工作的地位的。因此通常職業指導的資料也將這些項目列入，以備求職者的參考。

性向和基礎

求職者一方面要知道工作的性質和情況，同時也當對於本身的條件，細作評量，以期能確切地知道自己適宜於那類的工作，那一種工作將會最有裨益于他自己的發展。這就將涉及本身的性向和興趣。

所謂性向，就是指個人對某項工作的潛能，指他在接受訓練以後所將有的成就。這是今日大家所極重視的一項資料。因為一個人在擔任某項工作之前，常需要訓練或經過試用的階段。假使訓練之後才能發現他不適於那項工作，對當事人及工作單位都是損失。因之需要在訓練以前就先能預測工作者可能的發展。心理學家乃根據各項工作所需要的能力，以及在各項工作上成就優越者所具備的特質，編製成性向測驗。以音樂為例，接受音樂訓練的人必須在聲音的強弱、音調的高低、節奏的疾徐、音色的同異、曲調的和諧程度等方面，具備有較高的辨別能力，他目前雖不曾對音樂具有專門的知識，但照樣能接受有關上述各種能力的測驗，來測定他是否適宜在音樂方面謀求發展。在其他方面也是如此。在工業方面，有些工作需要很高的手部靈敏動作，有的需要敏銳的知覺速度，另一些或需要高度的空間關係辨識能力。具備那些能力的人，也可以說對各該項工作有較高的性向。他將來從事那項工作獲得成功的機會，常將大於對該工作性向較低的人。

　　一個人對於自己的潛能，不一定完全了解。很多人可能具有優越的音樂性向，而從未被發現。因此有機會能接受性向測驗，對自己是有幫助的。不過我們要注意：一個人不是要讓性向測驗限制自己的出路，而是要利用它領導自己到最適當的工作方向上去。它的功能是積極性的，而不是消極性的。

　　至於興趣，雖是一個極為普遍的名詞，却不易給予它一個確切的界說。心理學者常以興趣來指稱在進行某項工作或活動時相伴而生的愉快之感。在一般人語言中，則謂各人對於其所喜歡做的工作及活動具有興趣。史屈朗氏（ R. Strong ）指出興趣具有五種特質：它是習得的；它具有相當的持久性；一個人在各方面的興趣強弱不等；它表示當事者樂于從事某項活動的傾向；它使當事者接受或拒絕某種工作。

　　興趣是習得的，不過通常一個人所感興趣的活動，乃是他能做得還不錯的事。他具有繪畫的才能，能夠畫得不算太差，至少他本身對其所畫的尚感滿意，才會對繪畫發生興趣。自然社會的影響是十分重要的。一個人所作的事必須獲得旁人的支持和讚許，才能使其興趣持續下去。

　　一個人所具有興趣的工作或活動，也往往是他認為有意義、有價值的事。有些人喜歡探究事物的真象與原理；有些人重視事物的實用價值；有的人喜歡權力，可以控制或支配別人；有的人喜歡和旁人建立良好的關係；有人重視感官的享受，歡喜欣賞具有藝術性的事物；有人却情願服務社會，幫助別人。他們選擇工作時，常會受這些態度的影響，比如選修神學和攻習商科的學生在價值觀念上是會有些差別的。一個人選擇了自己認為有價值的工作，他乃會樂意為之使出力量，用心思，來把它做好；也自然將易於有所成就。而他本身從這份工作上更容易發揮他的才能，表現他自己的意志與人格。同時他也常能從這工作中獲得最大的滿足。

　　每個人對于自己的興趣，總多少是有些瞭解的。不過他所獲得的

印象，通常都難得十分完整。同時他不一定能知道：具有那些興趣的
人，適宜於做些什麼工作。興趣測驗就是針對著這個問題來編訂的。
此項測驗常包括很多問題，每一題中，使受試者有機會去比較某些活
動上的興趣。比如寇達氏的興趣量表（Kuder Preference Record
）中，每一題列舉三項活動，令受試在三者之中選出「最喜歡的」和
「最不喜歡的」來。

如：

	最喜歡	最不喜歡
上圖書館	☐	☐
參觀博物館	☐	☐
參觀美術館	☐	☐
收集照片	☐	☐
收集貨幣	☐	☐
收集蝴蝶	☐	☐

然後測驗者可以將受試者在整個量表上的反應綜合起來，以發現後者
興趣的所在，同時可以告訴他，那些工作將和他的興趣最相近，這當
是十分有幫助的資料。

　　不過有一點得補充說明的：一個人在選擇工作時固然要顧到本身
的興趣；但也不必讓目前的興趣過分限制了工作的機會。因為興趣是
可以培養的。我們對某項工作毫無所知時，對它或無太多興趣；但在
有了一些接觸，對它的瞭解增加時，興趣也常隨之增加。特別是當本
身對該工作應付的能力有所增進的時候，也常愈喜歡它。這也就是說
：我們宜積極地運用自己的興趣去發掘工作的機會，而不是消極地以
興趣來限制自己的發展。興趣原是習得的；它雖具有相當的持續性，
但並非不可改變的。

　　社會需要和個人興趣

　　有人曾經提出一個問題：就業時究竟該以興趣爲重，抑或是以社會需要爲選擇的主要因素？驟然看來，個人興趣和社會需要像是兩相對立的；其實並不如是。社會的需要是頗爲廣泛的，需要各方面的工作人員。雖然在某一個時期中會有需要緩急的差別，但常不祇限於一個小的範圍。因之在配合社會需要的前提之下，仍有多種工作可供選擇。

　　再說個人的興趣，有時就會受到社會需要的影響。當社會需要某方面人才時，那方面工作的機會常會增加，工作的環境和報酬或會比較優越些；工作者的社會地位也常因而提高……這些因素將會無形中增進人們對於該項工作的興趣。往往在此期社會上培育是類人才的機會也增加，原來對它沒有認識的人有機會增加對它的瞭解，或也將改變其興趣。

　　當然有些人可能會發現自己對社會所急切需要人去擔任的工作，確實沒有興趣，也難及時培養，那也就不必過於勉強地去遷就。爲社會服務的機會很多，仔細去找，總能發現接近自己興趣的工作。一般職業輔導機構，應能在這方面，提供一些資料，協助青年們去選擇他的工作。

12

消閒活動和心理健康

　　健康的人需要工作,健康的人也需要休息;健康的人還需要一些適宜的消閒活動。

　　前兩種需要的重要性,是不必再加說明的,至於第三項需要是否也值得和前二者相提並論,則還有人懷疑。有些人總認為:如果將消閒活動的時間也用之於工作,豈不是能多做出些事來,多有一些成就。要不然就多休息一下,精神當可更好一點。娛樂和消遣似乎是不必要的。

　　這一種想法,可能是受了三字經中「勤有功,戲無益」兩句話的影響。也可能遊戲之中,含有一些不正當的玩意,使得人們對之存有偏見,而不去直接予以鼓勵。現在大家的觀念已逐漸改變。不過究竟消閒活動有那些功能,或尚不受一般人所瞭解。因願簡為分析于次:

㈠消閒活動可以幫助我們鬆弛身心

　　人們在工作的時候,總是得聚精會神,集中注意地做事,身體和心理兩方面都會比平時緊張一點;因為適度的緊張,是使工作獲得效率的條件。等到工作了相當時間,他會感到疲勞,而需要休息,讓身體和心理都可以放鬆一下,待會兒再去工作。

　　但是放下工作並不一定就能獲得身心的鬆弛。很多人在工作之餘，仍然在惦記他所做的事情。有些學生會在將讀書報告交入以後擔心它不爲教師所喜悅，有些主婦會在客人走了以後惦記她所做的菜是否爲客人所歡迎；做會計工作的人囘到家以後滿腦中還是數目字，主持行政事務的人有時在睡夢中還在記罣辦公室的事務。休息不一定能使他的心情鬆弛下來。

　　醫師們和體操教師們常會發現一個有趣的事實：叫一個人「注意」或「立正」並不困難，而叫人「放鬆」却不很容易。醫師在檢查病人時，希望病者鬆弛他的身體，以便進行診視。但時常發現病人不知如何放鬆，有時甚至會更加用力，使肌肉趨於緊張，以致若干正常的反射（如膝跳反射）就不表現出來。作體操運動時，有些時候是需要某部分肌肉在鬆弛狀態下才會表現得較完美的，而若干運動員却常不能得其要領。

　　消閒活動的功能之一，就是幫助人們鬆弛他的身體和精神。工作之餘，打一囘球，下兩盤棋，弄弄花木，玩玩樂器……會使人覺得輕快些，頭腦也似乎清醒了一些，那些活動爲人解除了身心的緊張。有人也許會奇怪，爲何休息在這方面的效果反不如消閒活動？做些活動豈不是會增加身心的疲勞嗎？

　　這個問題應分爲兩部分來囘答。休息時固然停止了工作，但是和工作有關係的問題，仍舊可能停留在腦子裡，雖揮之而不卽去，甚至還繼續地在耗費你的精神。而在進行消閒活動時，另一件事進入你的注意中心，它發生了一些排除作用，把因工作而留下的一些不重要的聯想，推出思想領域之外，使它們不再糾纏你。至於休閒活動本身，是沒有嚴重利害得失的因素包括在內的，因之當活動停止後，一切就跟著過去，通常不會留下什麼不利的痕跡。

　　至于疲勞的問題，似可作這樣的解釋：一般說來，工作時所引起的「疲勞」，並不一定表示你身體方面的精力已經眞正用盡，不能再做了；而常是心厭現象的結果。那也就是說你的興趣在逐漸下降，工

作的動機減低，因而不能維持適當的效率。換句話說，你心理上疲勞了。如果這個時候調換一下，讓你去做些你所喜歡做的事，比如做木工啦，釣魚啦，剪剪院子裡的樹枝啦……你仍然可以做些時候，而不會有何不良的影響。說得再淺顯一點：你在工作上運用的是一方面的能力，在休閒活動時所運用的是另一方面的能力；因之後者不致干涉前者的效果。

(二)消閒活動可以使我們在工作以外獲得滿足

工作是一般人獲得成就感的主要來源。但是工作爲了要配合實際的需要，總免不了有若干限制，而不一定完全能符合你的興趣，完全照著你的想法去實施，不一定能使你的能力與才華有充分表現的機會。也有些時候，工作是比較長程性的，你必須經過一段困難艱苦，才能看見自己的成就。換句話說：工作不一定能隨時滿足你所有的心理需要。這時休閒活動常能給你一些幫助。你可以從油漆自己的傢俱中表現你的審美能力，你可以從採集昆蟲標本中發揮你對生物學的興趣，你也可以從爬山的活動中得到運動的機會……這些活動不但能沖洗你在工作後的疲憊心情，同時也增添了獲得滿足的機會，而使你感到愉快，因而再去工作時興緻也會提高一些。

內子在某公立專科學校任教。有時功課排在下午，囘家之後休息不久，又要忙著準備晚餐。筆者多次建議在那種情形下，晚飯不妨簡單一點，以免過于疲勞。內子却常說：「我在實驗室裡工作時常會遇到藥品不夠，儀器不稱意的情況，而必須得遷就事實，改變我的計劃。在我自己的廚房裡，我想要什麼，就買什麼；想怎麼做，就怎麼做；你們只要張大口多吃一點就行了。我不覺得這是件辛苦的事」。不辛苦怕是假的；但自家廚房裡能給她一些在實驗室所未能經常獲得的東西，大約也是事實。

㈢消閒活動可以擴展我們的生活經驗

　　人們所從事的工作，其工作的環境自也將互異。不過在一般情況下，每個人常都是在某一種特殊的環境中工作，因而他所接觸的人和事物，也常是偏向於某一方面的。當然這樣可以使他對于某一種環境會特別熟悉；對某些人有深厚的瞭解及關係，對某些工作有獨到的經驗。但若是他除了工作以外，別無其他活動，那就將他的生活經驗囿於一方面，而對於其他的環境，就疏於接觸了。

　　消閒活動在這方面却正大有幫助。比如說你在工作之外，還喜玩橋牌吧，你就因此而會結識一些同好，會逐漸知道橋藝的基本規則和一些比較高深的技巧，你會閱讀一些和橋藝有關的書刊，會注意和橋藝有關的新聞，說不定你還會參加一個橋社……總之由於你對於橋牌的興趣，使你和某些與平日工作沒有關聯的人物、事物、環境發生接觸，使你的生活經驗因而增廣了許多。對你來說，是將使你的生活更加豐富些。

　　記得民國四十一年由美國返回台灣時，故意選擇了坐船，以期體驗海上航行的旅程。當踏上那艘萬噸客輪後發現船上三百餘客人中，有一半是日本青年，在美國學成回日本的，另有約三分之一是由美返香港探親的華僑，剩下的是來自西方國家的旅客。隸籍自由中國的，祇有三人，當然我們三人很快就由不相識而湊在一塊了，但仍不免有「孤單」之感。後來三人中張君拿出一付牌，我們就在交誼廳三缺一地搭起橋來。不久就有了觀眾，我們發現有一兩位對橋牌也頗感興趣，就邀之同玩。隨著有人陸續入夥，兩天之內，竟湊集了八位橋友，在交誼廳內，成為了大家所注意的對象。而我們除了橋牌之外，大家也有時聊聊天，唱唱歌，來自四個不同國度的旅客，十幾天下來成了很要好的朋友；自然也為這一段旅程，增添了許多趣味。說起來應當歸功于我們都有玩橋牌的「好癖」（ hobby ）的緣故。

㈣消閒活動可以增進個人身心的發展

　　在第十一章中討論到工作的效果時，筆者就曾指出工作可以增進身心的發展，因爲有機體的各方面，無論是它的結構，它的功能，都可因合理的運用而獲得良好的發展。這個事實很受近代學者的重視，因爲實驗研究發現：若干被認爲是「與生俱來」，不需要學習的行爲，也仍然和動物幼時活動的情況及經驗有關係。赫爾德及海恩二氏（R. Held & A. Hein, 1963 ）做了個十分有趣的實驗：他用了一個天平式的槓桿裝置，其一端套住一隻小貓，它可以在槓桿繞動的軌跡上行走，四周環境都是直線條紋的牆壁，因之它看不到其他的事物。「天平」的另一端，也有一隻年齡相同的小貓，但它是被放在一隻籃子裡，可以被動地由對面小貓的走動而牽著轉動，但沒有自己行動的機會。「天平」中央設有障碍，兩隻小貓彼此不能相見。經過這一番實驗的經驗之後，再讓兩貓去接受「深度知覺」實驗，察看它們是否能辨別「懸岩」的高低。結果發現那些曾有主動活動經驗的小貓，會選擇由較低的一面行走；而那些缺乏主動活動的小貓，雖然其視覺本身的經驗和「對方」相同，却似乎沒有辨別懸岩高低的能力，不知道選擇由低處行走。本來動物的「深度知覺」是被認爲「與生俱來」的，而這個實驗却顯示此項能力仍有賴于適當的經驗，方能獲得健全的發展，雖然那些「經驗」似乎和視覺是並無直接關聯的。

　　上面這項有趣的實驗，似乎指出有機體活動的經驗，是有助於它的發展的。但是活動並不限於「工作」。實際上人們的工作往往是祇運用了個體某一方面的機構及功能；說得更清楚一點：一種工作常不一定能使有機體的各方面，都有同樣的機會，獲致最充分的發展。因之工作以外的活動，就很有其作用了。那些活動將使工作中未獲運用的身體組織及功能，也有機會被運用，因而得以發展。

　　校園中的一位警衛，他的工作就是維護學校環境中的安全和秩序

，防止附近的兒童，到校園中來喧鬧滋事。他一天在校舍前後巡邏幾番，就已算盡職了。但是他並不願意閒著，就利用那間小小的警衛室，作起畫來。幾個寒暑下來，很有進步。每隔十天半月他總有新的作品掛在門前，供人欣賞。據內行人說：他畫的山水，頗能模擬名家的筆法，很有點功夫。筆者不諳繪事，無從品詳他在藝術方面的成就；但很明顯的是，他那份在警衛工作中沒有機會發展的才能，已經獲得表現了。至於他從繪畫所得到的滿足，當然更不是警衛工作所能給予他的。

　　你可能已經同意消閒活動是有益於心理健康的了。不過你或者還會要問：我們該選擇什麼樣的活動呢？對於這個問題，筆者祇能提供一些原則性的意見：

㈠消閒活動宜以興趣為主

　　工作之餘的活動，目的在調節身心，自然首要顧到興趣。這樣做起來高高興興，不致有勉強或受限制的感覺。由於在一般情況下，人們所感興趣的事，常是其能勝任愉快的活動，因之也不會成為當事人身體或心理方面的負擔。

㈡以和工作的性質互補為宜

　　消閒活動在性質上如能和工作在性質上有些差異，就可使當事人在某些方面有些變換，當更能發揮其調節的作用。比如原有工作是戶內的，勞心的；那麼消閒活動最好是戶外的，運用體能的；或者工作是以人為對象的，而活動是以物為對象的；如是兩者將使當事人接觸不盡相同的事物及環境，使其生活經驗因而更加拓展。

㈢以實施便利為宜

　　消閒活動類別至多，其所需要的設備和費用各不相同。有些活動，如打高爾夫球，需要先加入某些團體，製備一些頗昂貴的球具，又

必須在某一定的場所活動；對一般人而言，就不若爬山或奕棋來得便利。活動的限制愈少，實施就容易多了。自然這在各人的情況不同，考慮的結果也不會一致的。

㈣獨樂不若與衆樂

　　有些活動是屬于團體性的，單獨一人就做不起來；比如打乒乓球必須有一個人同玩，打橋牌通常得有四個人湊成一組。另一些活動，如集郵、釣魚，則可以單獨活動。不需要湊成一定的人數。還有一些則是兩可的。如打太極拳、登山活動等。在一般情況下，和一群人同參加一項活動，總比一個人單獨行動有意義些。因爲你可以因此結識一些朋友，彼此可交換在那種活動方面的經驗，而這些朋友可能是在平日工作沒有權會接觸的。同時相互的刺激與勉勵，也常能增加活動的情趣。自然就是集郵、釣魚也常會因爲興趣的關係而結識些郵友、釣友的。如果自己樂於與人交往，大約很少一種活動會促使你趨向孤獨的。

㈤選擇多目標的活動

　　每種活動的性質和功能不同，它能爲個人所帶來的滿足，也恒不一致。有些活動祇有某一方面的作用，有些却能同時具有多方面的意義。比如划船，你也許同時可將弟妹一道約去，手足間可以共同享受一段愉快的時光。就比只能由你一人去參加的活動或更有意義些。又如練習太極拳，既可強身，又可養成早起的良好習慣，還可以結識一些同道。筆者並不是鼓勵大家一定要從實利的觀點去選擇消閒活動，但若你能顧到這一點，自也是無妨的。

㈥可以有一種以上的消閒活動

　　既是爲了消遣，自然沒有理由限于一種活動。一個人的興趣愈廣愈好，你就可以有更好的機會來鬆弛自己的身心。天氣好的時候，你

可以去登山、釣魚，碰上陰雨時光，你可以撫琴、作畫；有對手時下棋你也有興趣，客人去後，剪貼報紙也可幫你消怯疲勞。這樣使自己的生活添了許多變化，就絕對不會有無聊或煩厭之感了。這應該是真正多彩多姿的豐富生活。

其實上述這些項目，祇是供你參考而已；並不要都視之爲條件。重要的你對某種活動有興趣，而又有機會參加就成了。同時要避免使消閒活動成爲負擔。有些活動比較費錢，也許與你的經濟情況不相適合；有些活動需要較多的時間，也許會妨碍你的工作或功課，還有些活動可能在另一些方面增添了你的負荷。那些情形都宜考慮；免得不僅不得其益，或且有不好的影響。

自然你可能會喜歡參加別人都在玩的活動，那並非不可以；但不宜又存下競爭的態度，以勝過別人爲主要的目的，那就將失消閒活動的本旨了。

活動的時間有賴善爲安排

讀者們讀到此地時，也許會喟然嘆曰：「誰不知道消閒活動的好處？誰不想讓自己放鬆一下呢？就不過是沒有時間罷了。習題功課都趕不完，還夠得上談消遣？」

這句話確是令人同情的。今日各級學校課業所加給你的負擔，誠然是相當地重，青年朋友們確實是相當忙碌。不過這似乎也不是完全沒有辦法解決的問題。很多情況下，如果我們能妥善地安排，也常能擠出些時間來的。

筆者知道有一位現已退休的政府官員，他曾經擔任政府機構中很重要而又十分忙碌的職務，並且在大學裡兼授一門功課，不時還寫寫文章。在那樣繁重的功作負荷之下，他每星期總要抽出一個晚上來，或下圍棋，或玩橋牌以爲消遣。但那並不曾影響他的工作。課堂上他照樣能充分講述新的資料，所寫的文章也都十分充實。有人曾笑謂這

位先生每天可能不祇有二十四小時，那自然是不可能的；他不過是善於安排罷了。我們平日由於安排得不妥當，在不自覺中浪費了不少時間，如果能仔細地安排一下，把那些零碎浪費掉的時間拼在一起，就足以做些活動了。

　　再有一點是大家或未曾想到的：在生活中放進些休閒活動以後，將使你精神愉快，工作效率將因而增加，原來需要一小時去做的工作，現在也許只要五十分鐘就可以完成，這樣反而把時間節省下來了。

　　這年頭大家都喜歡從經濟學的觀點來論事，我們也不妨從俗地說一句：選擇一兩種活動作為消遣吧，在這一項投資上，保證你會連本帶利收回來的。

13

有了挫折怎麼辦？

　　今天要和大家談的題目，是有關於挫折的分析和適應。我國有一句大家常說的話：「人生不如意的事十有八九」。這句話也許稍嫌誇張一點，但若我們真要去計算一天生活中所遭遇的不盡如意的事，卻也的確是不可勝數。就拿筆者自己今天早上的遭遇來說吧：清晨一覺醒來，聽見外面正在下雨，心想慢跑又得泡湯了，剛剛晴了三天，又有什麼「鋒面」過境，雖然明知不能期望一年三百六十五天每日放晴，但是提着書包，撐着傘、踏着泥濘的路，趕着去搭公共汽車到學校去上課，那個滋味確不能令人欣賞。在車站候了約莫十分鐘，遠遠看見一輛大有公司的車子正在候綠燈要轉彎過來了，趕忙收起傘來準備上車，沒想到那輛車子竟不按規定路線行駛，直朝着民生東路開了過去。氣得我狠狠地頓了一下脚，還只得再等下去。當然候車的人愈來愈多，等到下一班到站時，年輕一點的身手矯捷，搶先上了車，輪到我擠上去時，就祇有「站票」了……這一天還才開始呢！已經碰上了一大堆不盡如意的事兒。幸虧人是健忘的，所以他才能不時提起興致，再活下去。

　　那麼什麼是「挫折」呢？簡單地說就是：「當某一項行為遇到阻碍，沒有依照當事者的願望，達成預定的目標時，他所感受到的失望、不滿意、沮喪、以及其本身各方面受到傷害或打擊的感受」。這是

一個比較簡單而籠統的說法。

挫折原因的分析

一個現象的形成，總是有其原因。爲什麼一個人在生活中會遇到那麼多的挫折？會碰到那麼多阻碍？分析起來，其原因可歸納爲兩方面，一爲環境方面的原因，一爲個人本身方面的原因。

㈠環境方面的原因

由於環境因素所構成的挫折很多，就性質來區分，可有下列三類：

1. 自然環境所構成的挫折

這是指因氣候變化及天然災害所引起的困難。比如最近由於颱風的侵襲，使得果農們辛苦栽培而即將收獲的水果受到嚴重的摧殘，化爲烏有，我們應很容易體會到他們的挫折感。

2. 物質環境構成的挫折

這是指由於物質的缺乏或故障，使人們無法滿足其需求而形成的挫折。像現在我們生活依賴電力的事項很多，萬一停電，就會有很多人遭遇到挫折了：電扇和冷氣機會停止，電梯無法啓動，實驗室裡多數儀器不能操作，圖書室的照明也失去了光輝…很多人的活動和工作將因而受到影響，而不能如預期的計劃進行。

3. 社會環境所構成的挫折

每個社會或文化環境中，都有一些行爲的規範和習俗，對人們的行爲常會加上一些約束或禁抑的作用。法律和道德觀念的影響是人所熟知的。此外尚有宗教方面的敎條，某些種族間的歧見，也常使人們的行爲和交往受到限制和阻撓，不能遂其所願，因而構成挫折。

以上這些阻碍都來自環境之中，和當事者個人的條件沒有若何關係。

(二)個人本身方面的原因

除了上述那些阻碍之外，另有一些挫折是由個人本身的原因所造成的。如果從數量上說，可能比由環境因素所形成的挫折更多一些。若從而分析，可有下列幾種情形：

1.個人目標的適宜性

每個人的行為，都有其目標。在正常情況下，這些目標應當是配合自己的能力和環境的條件來訂定的，因而能有達成的機會。但是事實常不如是。很多人所訂的目標常嫌過高，不切實際，因之不能順利達成心願。比如若干鄉村青年以為跑到城市裡來就可以找到合意的工作，移民國外的人以為外國是遍地黃金，俯拾即是；但事實並沒有那麼美好，乃致大失所望。

2.個人本身能力的因素

很多時候我們想做一件事情，却未必具備所需要的體能、智慧、知識或技術，因而無法順利達成目標，造成挫折。筆者本人新近就有過一次挫折的經驗，可歸於此類。兩星期之前，奉派到日內瓦去參加一項國際性的會議，會畢在日內瓦候機返國時，正逢那兒舉行畢卡索畫展，就和友人同去參觀。展覽室中陳列了約兩百張畢氏的畫，據說是他晚年的作品。那些畫都是「現代畫」，多數都含有性的色彩。面對着這一代藝術大師的傑作，我產生了很強的挫折感，因為我無法體會其中任何一張的意義。花了兩元美金買入場券尚在其次，而讓自己感到對藝術是那樣的「無知」，對一般人奉為極偉大的藝術家之作品，連欣賞的能力都沒有，是多麼令人汗顏的事。

3.個人對於環境瞭解的情形

每個人的行為都和其周圍的環境有關係，而且很多時候個人所作所為，就是為了要適應環境的要求。如果對環境不夠瞭解，將會引起適應不良的情形，而造成困難。尤其是今日的社會，法令規章甚為繁複，有形和無形的困擾很多，每易使人遭受挫折。近來有些人買房子墜入了商人的圈套，損財失利。過去本人曾一度主持師範大學的教務

，就常遇到學生不諳學校選課有關的規定，在改選、退選、計算成績遭遇到很多困難，甚或引起了頗爲嚴重的後果。好些時候我們對某些情況，採取「想當然耳」的態度，而沒有認眞去探知其究竟，每將引起困難。

4.個人價值觀念和態度的關係

價值觀念聽來像是抽象的，都是十分具有實切意義的東西。人們對於事物的取捨，是否願意在某項事物或工作上花時間、花金錢、花氣力，都由其價值觀念來決定。每個人都只肯做他所認得值得做的事，而會揚棄他所認定沒有價值的事物。好些時候我們某些需求之未獲滿足，並不是因爲環境中缺少我們所需要的東西，而往往是根據我們的價值觀念，使我們不願意接受或輕視那些事物。但夷叔齊之餓死首陽山下，並不是由於當時沒有食物，而是由於他們認爲周朝所栽培的食物是不義之物，不願意去食用。他們的挫折係來自於他們對周朝穀物的價值觀念。台灣大學過去有位教授，抗戰時期在北平教書，後來北平淪陷，學校淪於敵僞之手，他就辭卸原有的教職。敵僞政府派人來邀請他，他堅不肯就。一家人困居北平，幾乎陷入絕境。最後終於冒險逃離北平，到大後方來。這類故事，在抗戰期間屢見不鮮。那些人所遭遇的挫折，是由於他們奉守某些可貴的價值觀念有以致之。

5.個人心理上的衝突

在同一個時間裡，人們常具有多項需求，多種願望，也可以說是多種動機的作用。那些動機若是方向不一致，甚或相反，就將形成心理上的衝突。按照心理學者勒溫氏（K. Lewin）的分析，心理衝突可歸納爲三類：所謂「雙進的衝突」，就是同時追求兩個目標，而又無法都得到，必須有所取捨；「魚與熊掌」乃是標準例樣。「雙退衝突」則是指兩種情況均非當事者所欲，但他無法同時避免，而必須取其一，如戰爭時有兵士既怕死，又不願逃避兵役，被人目爲懦夫，因而構成衝突。再有「進退衝突」，乃指同一事物或情境，對當事者一方面具有吸引作用，同時又見有排斥作用，使之進退兩難，去就不決

，而形成衝突。比如有些人又想來聽演講，又嫌其時間太長，弄得打不定主意。

輕微的心理衝突，常能在短時間內消失，沒有多大影響。但在嚴重的心理衝突下，兩種行為傾向勢力相當，相持不下，則可形成行為上的障碍。有一則寓言中說到一頭驢餓了，出外覓食。牠走到一處三岔路口，看見右邊路上有一堆嫩草，油碧可餐；正準備前去取食，但又看到左邊路上也有同樣鮮嫩的一堆草。如是引起了「雙進衝突」，使它一時難作取捨的決定，終於餓死在三岔路口。也許有人會笑那頭驢太笨了，却不曾想到人們也常是因為難作取捨，而癱瘓在三岔路上，無法舉步前進。

以上說明我們所遭遇的挫折，有些是由於環境的因素所形成，有些却是由於當事人本身的因素所引起。很多時候，可能是由於多種原因，也常可能兼有環境和個人的因素，而非由於某一個單純的原因。當事者常不一定能察見其挫折的全部原因或只能意識到其中的一部分。

挫折經驗所引起的一般反應

個體對於一種刺激或情境的反應，都是整體性的，對於挫折經驗的反應也是如此。不過一般人所注意的常是情緒和外顯行為的反應，茲分別簡作說明。

㈠情緒方面的反應

人們在遭遇到挫折的時候，常會表現情緒的反應，有時反應或且十分激烈。最常表現的乃是忿怒；小孩子在其要求不獲逞時，往往會發脾氣，甚或大哭大鬧。成年人的忿怒反應也很普遍，在不如意時，常會咆哮跳叫，怒不可遏，弄成面紅脖子粗的樣子。這種反應的意義是甚為明顯的：忿怒激發了當事者的「動員反應」，把大量的能導引

出來，企圖克服當前的障礙，達成原來的期望，以圖獲致滿足。

遭遇挫折時的另一種情緒反應，乃是焦慮。這也是一種緊張的反應，而含有不安和憂急的成分：顯示當事者在遇到挫折以後，有些慌張；對事況的發展，沒有把握，而不知該怎樣做，同時也希望立刻能找到新的策略，來解決當前的問題。適度的焦慮可以增進工作和思考的效率；但若焦慮過高，則反而會使工作的效率低降。

受挫時常有的第三種情緒反應，乃是沮喪。這裡有失望、抑鬱、甚至悲傷的成份，往往是當事人遭遇到比較強烈，或是受挫的問題比較重要的緣故。挫折對他的傷害性很高，可能他在急促間尚未找到應付的新途徑，因而情緒有陷入低潮的傾向。在這段時間裡，工作的效率常不能達到平時的水準。

(二)行為方面的反應

各人在遭遇挫折的外顯行為反應，差異頗大，難以盡述。不過最常見的一種反應乃是攻擊行為。心理學者曾用幼稚園階段兒童作實驗，在他們自由活動時觀察並紀錄其行為。隨後將遊戲室中兒童最喜愛的玩具收起來，不許他們繼續使用。觀察者當即發現：在此後的一段時間裡，兒童的攻擊行為有顯著增加。或是摔投玩具，或是攻擊同伴，爭吵的情形也增加了。顯示他們是因不能暢快地玩而有挫折感，攻擊的行為乃有增加。美國的杜納和密勒二氏（ J. Dollard and N. Miller）因此提出「挫折——攻擊」理論，意思是認為挫折的經驗和攻擊行為之間有固定不移的關係：挫折必將引起攻擊的行為，攻擊行為乃常是挫折的結果。後來此項理論雖經修正，但是攻擊行為却仍被認為是挫折後多種反應中極重要的一項。一般報紙上刊登的傷害案例中，大多數當事人是在遭受到某種挫折之後，才表現攻擊他人行為的。美國黑人犯凶暴罪的比率較白人為高，部分學者的解釋就是黑種人在生活中所受挫折較白種人為多的緣故。

挫折經驗所引起的第二類反應，乃是防衛性行為。遭受挫折時，

沒有能實現的目標或許不是最重要的，但可能使當事人感覺到自己的名譽、尊嚴、地位等受到損失。因此我們乃得保護自己的面子和尊嚴，使自尊心不致受損；並能減少因此而引起的焦慮。防衛性行為的作用就是在此。下面將就最常見的防衛行為，簡作說明。

1 合理化作用

人們將某一種現象或事故，加上比較冠冕堂皇的理由，藉以遮掩其本來真正的理由，而維護了自己的自尊，減少內心的焦慮。狐狸摘不到葡萄時，就說葡萄是酸的。這種做法在今日社會工作者中，是常出現的。

推諉作用是人們常用的手段。在一般情況下，人們多不願承當行為的責任和失敗的過失，而會迅速地委之於他人或事物。考試成績欠佳的學生，總認為教師命題不妥當，或評分不公平，藉以減輕本身的歉咎之感。球場失利後歸咎於裁判員也是同樣的作用。社會上很多人共用的一種推諉行為，就是命運觀念。今日雖已進入科學時代，但命運觀念仍極普遍。報紙上看相算命者所登的廣告很多，而且那些術士們的生意還相當鼎盛。人們之所以相信命運，最重要的原因就是可以成為每個人罪過的替身，成為人們共同推諉的對象。一方面能消除個人的罪惡感，另一方面又不致於開罪任何人，故易為人所採用。「人不能和命爭」，這一句簡單的話，却具有很大的防衛作用。

2 轉換性疾病反應

是另一種常用的防衛作用。社會上對於病人總是具有同情心的。在平時我們對一個人的行為常有某些要求，但若對方是個病人，那些要求都將減輕或完全取消，對他的過失，也不嚴格計較。通常一個人在工作或事業失敗了，他總要躭心會受到主管或同儕的責備和輕視，但如果他能證明那是因為生病的緣故，就不必有那些顧慮了。所以有些人在失敗的時候，就巴不得能生病；而有些人就真的病倒了。這一類的病，心理學上稱之機能性的障碍。當事者的器官是正常的，在檢查時沒有發現什麼機體性的疾病，而它們的功能却出了問題。比如眼

睛是健康的，却看不到東西；四肢是正常的，却呈現癱瘓的現象。這些人不自覺地（也可以說是無意識地）將心理方面的困難，轉換成爲身體方面的症狀，藉以逃脫他人及自己的責備，而保衞了自我的尊嚴。請大家要特別注意的是：此類病人並非詐病；詐病或可用來騙人，却騙不了自己。轉換症患者本身也深信自己眞是病了，才會具有完全的防衞作用。

健全的適應方式

前面說過，我們經常都會遇到一些挫折，當然就會需要設法適應那些挫折的情境。可是怎樣才算是比較健全、比較合理的適應呢？對於這個問題，筆者願意作下列幾點建議，供大家參考。

㈠客觀而冷靜的分析

遭遇到挫折以後，應當就挫折的情境進行分析。這個分析包括兩方面，一爲挫折原因的分析：仔細察見一下，是什麼原因導致挫折的？是環境方面的因素，抑或爲個人方面的因素？是基本某種客觀的障礙，還是導源於主觀的態度或觀念？瞭解了挫折的原因，就可以設法謀求補救，至少可以避免下一回再重蹈覆轍。同時對挫折原因的瞭解，也將可降低情緒方面的反應。例如若面臨的確爲不可克服的困難，當事人自責的心理就可以減輕許多，而不必深自歉咎了。

另一方面的分析是對於挫折後果的分析：它究竟將對自己產生多少影響？會造成何種損失？多麼大的損失？這一層分析頗爲重要，因爲有些挫折驟然看去，可能像很嚴重，好像會引起重大的損失，而事實上却未必如是。如果我們能察見某項挫折並不會造成對自身若何傷害，那麼心理上的負擔將大爲減輕，情緒上也可爲之放鬆了。不過這些分析必須冷靜、客觀，才能獲得正確的判斷和瞭解。

(二)建立「失敗」的正確觀念

「失敗」是大家都不喜歡的一回事。但是我們平日生活中，這兩個字用得太多了一點。沒有成功或沒有達到目的，就算失敗了。這種將事情分為「成功」和「失敗」兩個相對的情況，並不能符合事實。很多工作，常需要多次的嘗試努力，而且不斷地改善工作的情況，才能有機會獲得盡善盡美的境界。每一次的失敗，使他能吸取更多的知識和經驗，使其在下一次的努力時，更進一步地接近成功。過去有兩種治療梅毒的藥，分別叫做「606」和「914」，用數目來命名。但這兩個數目，都有其特殊的意義，是代表它們在成功之前所經過的實驗次數。從開始到完成的幾百次實驗中，你能說那一次是失敗嗎？嚴格地說，都沒有失敗；每一次都有一點點成就，都對最終的成功有其貢獻，沒有一次是浪費的。同樣地，中華民國立國前的革命戰爭，是經過多少次「失敗」之後，最後才在武昌起義獲得成功。每一次的「失敗」，就激發了下一次嘗試，使更多的人趨向民主，動搖了滿清政府官員們的信心，終於在辛亥年完成建立共和政體的使命。將那些以前的革命戰役為「失敗」，是不符合事實的。

事實上我們整個生命就是一個學習的歷程。祇要有行為表現，無論它所帶來的是滿意或不滿意的結果，當事者若存心學習，有心求進，都能獲得有意義的資料和經驗，使他的觀念、態度、及行為模式，產生或多或少的改變，而影響到他以後的發展。因此我們可以說：在生命的過程之中，祇有生長，沒有失敗。

(三)不逃避、也不必完全歸罪自己

前面曾經提出：在遇到挫折以後，人們常會表現防衛性的反應，以圖推卸自己的責任，減除內心的焦慮。這固然是可以消除或減輕當事者的心理負責擔，但是我們如果仔細研察，就會發現所有的防衛作用，都或多或少地歪曲了事實，使我們不能洞見當時的真實情況。比如當我們運用酸葡萄作用來解釋某項挫折的經驗時，就用「我不要吃

那個酸東西」這句話掩蓋了「我沒有能力得到那件東西」的事實，使
當事人沒有機會看到自己的短處或缺點。又如我們若用「推諉作用」
來說明一項自己的失誤時，將原應由本身承擔的責任，推到他人或其
他事物身上去，當事者乃將不能察見事情的眞相。這樣的做法，或可
稍釋當時心理緊張，却無補於事；對我們以後的行爲毫無幫助。因此
筆者願特別指出：遇了挫折時，不要逃避責任；重要的是要發現阻碍
或困難之所在，謀求補救之道。若是歪曲了事實，使自己無法察見問
題的癥結，是有害而無益的。

　　心理學者羅森茲維格氏（S. Rosensweig）曾將一般人對挫折情
境的反應，分爲三類：即「責人反應」、「責己反應」、和「免責反
應」三者。筆者曾利用其所編「逆境對話圖册」進行研究，發現我國
大學生在遭受挫折時，責人的反應比美國大學生少，而責己的反應則
比較美國大學生多。這個結果顯示着文化間之差異，可能和我國傳統
上重視「反求諸己」和「三省吾身」的態度有關。

　　不過自責的傾向過分強烈也並非所宜。罪惡感和愧疚的心理會使
我們對以後的行動，產生過多的顧慮，降低嘗試的勇氣。我們在受到
別人責備時，可以設法躲開不聽；但在受到自己責備時，却無處可逃
。如果爲了減輕罪惡感，就會產生「少做少錯、不做不錯」的心理；
努力的重心，不在爭取成功，而在避免失敗。這種態度的嚴重性，是
顯而易見的。如果大家在做事時，祇想「怎麼樣才不會出錯」？而不
是「怎麼樣能做得更好」？那麼工作的熱誠和效率自然會降低，而成
功的機會也就愈來愈少了！在那種情況下，我們又怎能有進步，怎能
有成就呢？挫折經驗對我們的打擊，並不在某一項工作的失敗，而是
它常使得我們再沒有勇氣去追求！

　　罪惡感還有一個毛病，就是它會傷害我們的「自我形像」（self-
image）。每個人都有一個「自我形像」，也就是他對於自己情況的
主觀印象。若是一個人覺得自己聰明、能力優越，他就會將自己的目
標訂得高一點，會預期自己有高水準的成就；若是他覺得自己祇是一

個平凡的人，沒有什麼過人的才智和能力，那麼他爲自己訂下的抱負水準也就會低一點，不希冀自己有什麼飛黃騰達的造就，祇要能免于凍餓也就心滿意足了。若是一個人自認是個小人物，才能學識都低于人，那麼他對自己的期望也將隨之低降，而胸無大志了。罪惡感的最大缺點，就是它會破壞人們的自我形像，形成自卑之感。輕微的自卑感並無大碍，它常可能激發個人的補償性反應，使自己努力求進，克服自己在能力或其他方面的弱點。但若是廣泛強烈的自卑心理，則將引起較爲嚴重的影響，會使一個人覺得自己毫無是處，充滿挫敗的心理，而將引起若干不健全的行爲。

世界上很少十全十美的場面。任何事情，只要我們確實盡了最大的努力，就不必過分計較其成功或失敗，因爲還有許多因素，不是在自己的控制範圍之內的。我國一向不贊成「以成敗論英雄」，就是這個緣故。挫折經驗，人人有之，不必也不應當讓自己永遠背負着罪惡的重擔。我們要利用失敗的經驗去發現新的途徑，而不應該被它打跨。

㈣尋求補救的途徑

挫折和失敗固然是人們生活中不可避免的現象，但是遭受了挫折之後，不能只是認輸就完了，而是要盡力謀求補救之道。下面將就這方面稍抒淺見。

1.修訂自己的目標

在很多遭受到挫折的事件裡，目標訂得不甚適當是頗爲普遍的原因，而且常常是訂得太高的緣故。今日我國青年受了升學主義的影響，除了進大學以外，就沒有第二個目的。對于生活水準的要求也是一樣：別人擁有的東西，總希望自己也能擁有，甚至要賽過其他的人。可是他們在訂立這些目標時，並沒有仔細去考慮自己各方面的條件，往往所要求的超過了本身情況和客觀環境所能完成的，這樣遭受挫折的機會就自然提高了。因此在挫折經驗之後應當愼重考慮的，是原有

目標的適宜性。當事者應對自己的各項條件，仔細地檢討；對其所面臨的環境，冷靜地分析；重新訂定目標。必要時也許會需要將目標降低一點，來增加成功的機會。這時千萬不要祇顧到和別人去比較，雖然成功的意義是不免要比一般人的標準爲參照點的，但是也不能將它看作唯一的條件，各人的情況不同，無從作直接的比較。我國有句俗話：「人比人，氣死人」，用意就是告誡人們：不要一味去和別人比較。太注意和人比較，往往祇會增加個人的挫折感而已。

也許有人要問：「什麼才是合理的目標？」這個問題實難有一個通用的答案，因爲那是將因人、因情況而異的。有人曾經作過這麼一個實驗：他讓學生投擲竹圈，去套中前面地上放的小圓柱。學生們第一個問題就是：「該站在那兒投擲呢？」實驗者的回答是：「沒有規定，由你自己選擇」：學生們聽了覺得奇怪，他們開始會站在距圓柱很近的位置去投擲，命中率自然很高，可是在投過一兩次之後，覺得那樣做沒有意思，就自行退到較遠的位置。最後學生們認定最適當的位置，乃是投擲命中機率約在 50％ 左右的地方。從這個實驗裡，我們獲得一些啓示：人們固然盼望成功，但是太容易得手的事，沒有挑戰性，縱然成功，不能給予工作者成就感。太困難的事，完全沒有成功的可能，自也沒有去浪費精力的必要。祇有在成功與否機會各佔一半時，工作者的興趣最高，也就最能發揮自己的能力。我們在訂定自己努力的目標，似乎可以這個實驗的結果做參考。

2 增進本身對於工作情境的瞭解

對工作情境的瞭解愈清晰，所遭遇的困難自將愈少。再者，明瞭了當時的情境，對所發生的事件將有更深入的體察，而會能有更合理的解釋；這樣乃可減少情緒性的反應，而能心平氣和地去處理它，使問題獲得解決。

寫到這裡，筆者想起本年八月間由日內瓦搭機返國時一段挫折性的經驗。由於當時是搭乘法國航空公司的飛機，所以要繞道巴黎飛香港再回台北。我並不準備巴黎停留，祇是在機場停兩小時換乘另一班

飛機，因而沒有申請法國的簽證，旅行社也未曾關照。沒想到在日內瓦登機時，機場的法籍工作人員要求我辦簽證。我出示了由巴黎到香港的機票，說明祇是過境，應可不必簽證。可是他們仍然不肯放行。由於筆者對法語只懂幾個單字，對方又偏偏不通英語，彼此無法溝通，雙方弄得頗不愉快。後來總算找到法航的一位空中小姐來解釋：原來法航由日內瓦飛巴黎的班機，是在巴黎國內航空站停靠，而由巴黎飛香港的班機，則是在國際航空站起降，兩個航空站之間有一段距離，外國旅客走過這一段「法國領土」，需要簽證。經過這一番說明，法國移民單位官員又表示願意立刻和巴黎聯絡，補行簽證，不收費用……並保證不會延誤行程，筆者才瞭解對方並非有意留難，情緒乃漸平靜下來。這件事實正好說明對情境瞭解的重要性。它減除了當時的挫折感，也可使當事者知道如何避免以後受挫折的機會。

俗語說：「經一次失敗，可學會不少乖。」事實上，正當合理的「乖」，是應該學的。對於周遭環境有了適當而明確的瞭解時，可使我們對所發生的事能作合理的解釋，而不致引起挫折感。

3. 制訂有效的因應措施

在遭受到挫折之後，是否就當放棄原來工作的目標呢？這是該慎重考慮的問題。如果在經過分析以後，覺得自己所訂定的目標是合理的，必要的，自然不應放棄。但是我們要尋求一個有效的途徑，來應付面臨的困難。這裡筆者很強調「有效」這兩個字，就是要針對着所遇到的障礙，去研察克服的途徑。像前面所提到的攻擊反應和防衛性行為，都不是「有效」的措施，因為那樣行為都將無補於事，不能眞正解決問題。

幾年前，有位朋友的孩子參加大學聯招失敗了，全家爲之懊喪。後來那位朋友和筆者討論此事，我就約了他的孩子來一同研討。先察看各科考試成績，並讓他說明那些分數是否可以代表他的程度，同時將近二、三年大學各系科錄取分數高低標準拿來參考。經過這樣的分析，當事人發現：如果他在填寫志願時，作比較切實的考慮，索性放

棄部分競超出本身能力過遠的科系，以便容納較多與自己程度相近的學科。同時根據前次考試成績，擬訂補習計劃，以期能有效地提高下次考試的分數。如此則重考被錄取的機會將可望提高。筆者陪同當事人分析那些有關的資料時，認爲他所採取的態度頗爲切實，應可視爲有效的補救辦法，就鼓勵他作重考的打算，並採用他所謂「避重就輕」的補習計劃，結果他在重考時終獲成功，現在已經是大學四年級了。

4. 尋求補償的途徑

人生的道路不只一條，而且「條條大路通羅馬」。一條路走不通，還有第二條，第三條；大家不一定要走同樣的路，也沒有一條路是會給每一個人都帶到成功的目標。事實上「成功」對各個人的意義是不完全一致的。固然大家都希望成功，但是什麼代表「成功」？怎麼樣才算是「成功」？它的答案因人而異；因此，我們實在沒有必要擠着走同一條路，擠着去走進同一張窄門。

當一個人遭遇了挫折時，並不就表示他全盤失敗，或是所有的路都走不通；而常祇是在方法、路徑、或目標上有了問題而已。所以不應立刻就放棄努力，而宜在通盤檢討之後，尋求補償之道。

所謂補償，就是利用自己的長處，去補救或掩蓋自己的短處。古語說：「尺有所短，寸有所長」，每個人常都不是各方面均衡發展，而是有某些方面優越，有另一些方面比較短拙的；各人應設法發揮自己的優點和長處，而避免在本身弱的一方面去與人爭短長。

有一位從事進出口貿易的朋友，本身資金有限，自知無法和大貿易商競爭，就乾脆去找國外規模小的商家談生意，用謹愼和負責的態度，代替了大商家吹噓和耍噱頭的作風。不管貿易額多低，都儘可能接受，並易認眞履行合約。幾年來也能建立信譽，奠定了他的地位。他走了別人不走的路，但也一樣地成功了。路是人走出來的，這句話一點也不錯。

我們不要怕有挫折，而是要利用挫折和經驗，去尋找出可以再向

前邁進的途徑。祇有這樣，才能體會「失敗是成功之母」的眞正涵義，也才能獲得眞正的成功。

14

談愛

　　「愛」是一個人們十分熟悉的字，也是很多人經常掛在嘴邊的一個字。從亘古到如今，有多少人寫文章來描述它，有多少人用詩篇來歌頌它；戲劇裡則更不用說，無論是在舞台上、在銀幕上、或是在螢光幕上，所表演出來的故事，也總是離不開以某一種形式的愛為主題。

　　可是愛究竟是什麼呢？雖然曾經有人試圖給它定義，但似乎沒有一個定義是大家都滿意的。心理學者佛洛姆氏（ E. Fromm ）曾經指出：「愛就是對所愛的人所表現的行為」。這句話驟然看來像是沒有道出什麼；但仔細想一想；却可看出它說明了愛的一個重要特質：愛可以表現在任何兩個人之間，是可以用多種形式的行為來表現的。想想看：我們會為自己所愛的人做些什麼？會在他（或他們）面前表現怎麼樣的行為？照佛洛姆的說法：祇要對方是你所真正愛的人，那麼你為他所做的，不論是什麼，都是愛的表現，也就是愛。

　　在每個人的生活中，要和很多人接觸，關係互不相同，但是愛却可以存在於每種關係之中。依照我國的傳統，常用一些不同的名詞來分別描述：對於父母的愛曰孝、對於子女的愛曰慈、兄弟之間的愛曰悌、儕朋之間的愛為友……這些行為在方式上互有差別，但若對方是自己所愛的人，就都可稱之為愛。

建設性的愛

Erich Fromm 曾提出建設性的愛（ productive love ）觀念，意謂健全、合理的愛，是對當事人雙方都有正面的作用；而對於被愛者更無若何不良的影響。佛氏所謂建設性的愛，包含下列四點：

㈠照顧對方（ care ）：

這是指對於對方身心各方面的照顧，使之處於安全的情境，並能適當地滿足其需要。

㈡責任（ responsibility ）：

指對於對方的行為，隨時都有反應；也就是說對方有任何行為表現時，都可以從其所愛的人那兒獲得反應，顯示有人在隨時注意他、關心他，準備並且樂意對他的成長與幸福負責。

㈢尊重對方（ respect ）：

尊重對方的獨特性和個性，承認他有生存和發展的權利，得以依據其需要去爭取最有利於其發展的情況；而不勉強他去依從不適當的期望，或從事與其健全發展相背的活動。

㈣瞭解對方（ knowledge ）：

瞭解對方雖然不是一件很容易的事，但若需要為對方提供合宜的照顧和輔導，就必須對其情況有一些瞭解，舉如身體發展的情形、心智能力、特殊興趣和癖好、以往的經驗與生活環境等。這樣，才有機會配合其獨特情況，提供最有利于其發展的支援和協助。如果你在愛某一個人，就一定會設法去瞭解他的。

為所愛的人做些什麼？

通常一個人會為其所愛的人做些什麼呢？嚴格說來，是沒有範圍、無所不包的，不過為了便於說明，我們可以將之分為下列幾方面的行為：

㈠促使或協助對方身心品質的健全發展：

凡有生命的事物，最基本、最重要的使命，就是要生長，要獲得健全而充分的發展。雖然生長是個體自身具有的作用，但也需要外界和他人的協助。平日我們對於自己所愛的人，都會極力去促進他的發展，使其身體和心理方面各種潛能，能獲得機會，充分地表現出來。一般父母為子女作的，以這一方面最為明顯：從衣食等需求的照顧，到教育與保健方面的種種安排，在在都是為了促進子女身心的成長。夫婦之間也是如此：丈夫應能協助妻子使之獲得最美滿的生活，妻子也當協助丈夫使他的工作與事業獲得充分的發展。教師之於學生，主管之於部屬，也常應能符合這個原則。動物育幼的行為，也是我們所常見的；如鳥類的育雛及教幼鳥學習飛翔，都是助其發展最明顯的例子，也都是愛的表現。

㈡保護對方的安全：

保護對方，使之不致受到危險和傷害，也是愛的表現。凡有飼養動物經驗的人都會見過當人們接近新生的小貓時，母貓就會表現警戒的反應呼呼作聲，隨時準備攻擊侵擾它們的外來者。其他動物也是如此。曾經有這麼一個動人的故事：某處失火，救熄後人們發現有一隻母雞被燒死了；而在它身下的幾隻小雞卻仍活著，沒有受到傷害。這固然是一個特殊的事例，但是大家對於所愛的對象，總是極力加以保護的。在人類中這類的故事更多了。為了保護所愛的人，往往連自身

的安全，也常不暇顧及了。醫學上器官移植的手術發明後，不知有多少人自願捐贈出自己的器官，來救治其所鍾愛的人。保護也可能是在另一方面，例如孟母三遷，使幼年的孟軻能離開惡劣的環境，避免受到不利的影響，這也是愛的表現。

(三)增加對方的喜樂、減少對方的憂慮：

當你愛某一個人時，總是會設法去增添對方的喜樂；做各樣的安排，使他感到高興和滿足。父母爲年幼的子女購置玩具，假日帶他們去遊樂場所，都是爲了要使孩子們生活得愉快，增添他們的喜樂；在另一方面，做子女的也常會做一些使父母高興的事情。傳說中的老萊子，自家年紀雖已不小，却仍然會穿著綵衣，表演些滑稽的動作，去逗笑他的父母，舉世傳爲美談。平日學生們因學業或品行優異獲獎時，回家後一定會將那些事告訴父母，使他們高興。在另一方面，人們也常以多種方式來消除被愛者的焦慮和憂愁。古人嘗告誡爲人子女者：要注意自己的身體健康，不要到遠處去，出門一定要說明去處，以免父母擔憂。這些過去都被視爲孝親之道，事實上也就是愛的表現。

(四)增加對方爲別人所喜悅的機會：

對於所愛的人，不但當事人自己會喜歡他，同時也常會希望別人也喜歡他，所以在一般情況下，人們常會多給被愛者機會，幫助他發展他的優點和長處，並給予他機會表露其才能，以贏得別人的重視和讚美。平日家長敎養子女時，也常會注意到這些。比如爲子女準備適宜的服裝，使子女接受某種才藝的訓練，或是幫助子女獲得適宜的工作，都是希望子女能因此而獲得別人的敬重和讚佩。一個人能爲他人所敬重喜悅，他獲得滿足與發展的機會也將隨著增加。爲所愛的人作這樣的安排，其用心應是很容易瞭解的。

(五)信任對方，給予他表現自己能力和才幹的機會：

　　這和前面第一項是具有連帶關係的。個體是不斷在生長的，生長需要適當的物理環境，同時也需要合理地運用其身心功能，因為各種功能的發展，是必須經常在動態的運用情況中進行，使得有關係的器官、組織，得以參與活動，因而促進其發展，並可加強其間的協調配合。一個人要獲得充分的活動，也常需要別人提供機會，並且對他有信任的態度。一般說來，各人對於自己的能力，常無完全的了解，往往需要別人來予以肯定。被人信任乃是一種極有力的支持與鼓勵，當事人的自信心乃將大增，乃能放膽去做，去施展自己的才能。很多人常易於過分保護子女，不給予子女自由活動的機會，以免發生危險。事實上這同時也是對子女缺乏信心，因而不放心他單獨活動；這可能會減少子女成長的機會，是對他有負面效應的。

人人都有愛心嗎？

　　是否人都有愛心呢？這個問題倒真不容易回答。從理論上來講，這涉及了「人性」的問題，是大家爭議已久而無法獲得結論的。由於人類的嬰兒期很長，好些行為都不是在出生之後立即表現出來的。比如走路、說話……都要等到出生後一年或更長的時間才會出現。在這段期間裡，已經可能有了若干學習的作用和環境的影響，因此當一種新行為出現時，我們頗難以確定它是不是人類本性的表現。

　　有些學者持正面的看法，認為人是生來就具有愛心的。我國的孟子就是極有名的代表人物。孟子曾說：「無惻隱之心，非人也！」惻隱之心也就是愛心。大抵認為人性本善的學者，都贊同孟子的看法。西方心理分析學者 Alpred Adler 氏也持類似的理論。他指出「社會興趣」乃是與生俱來的。所謂社會興趣，乃是「對自身以外的人和事物的注意與關切之心」，也就是愛人之心。一般學者的看法，或不及孟子和 Adler 的那麼肯定，但大都認為人生來都具有「能愛人」的潛能，祇要在合理的環境中生長，那種愛心就將可充分發展而表現出來

。在正常的人類生活中，嬰兒都出生在家庭，絕大多數都爲其父母所鍾愛，受到適宜而妥善的照顧與撫養，在一個溫暖被愛的氣氛中，那種愛人的潛能乃可獲得良好的發展。因爲大多數人皆有此表現，所以孟子和 Adler 就視之爲天賦或本性了。

偶爾我們也會遇見少數似乎缺乏愛心的人。那些特殊的案例並不能否定上述潛能的存在，而往往是由於缺乏適當的環境使那種潛能獲得培育發展的緣故。哈羅氏（ H. F. Harlow ＆ M. K. Harlow ）所作幼猴的實驗，正可支持此項推論。哈羅氏將新生幼猴和其他猴群隔離，單獨以奶瓶在母猴模型上哺養。後來發現在隔離情況下成長的猴子，皆孤僻成性，不能合群，其中雌猴後來生產幼猴後，不肯盡哺養之責，反而攻擊它。顯示在隔離情況下成長之動物，行爲顯有異於正常。這也表示生物潛能的發展，尚需適當環境的作用。換句話說：一個嬰兒如果是在被關愛的環境中生長，他很自然地會體驗到四周的人是可愛的，因而他那愛人的傾向，乃將容易表現出來；再加上他經常所獲得的增強作用，愛人的行爲就更易得以發展了。

什麼不是愛？

前面說明了愛的表現，原已夠清楚了。不過愛實在是個太美好的字眼，人們常常有意或無意地，將它拿來用作某些行爲的標籤，因此它在很多時候是被濫用或誤用了。爲了進一步的澄清，我們不妨再從另一面來看它，指出那些行爲常易被誤解爲愛，而實際上却不是愛。

㈠愛不是佔有：

很多人認爲如果他愛某一個人，對方就變成了他所有的，成了他的「專利品」；他需要對方的時候，對方就必須在那兒，他也不容許對方再愛其他的人。這是不正確的想法。很多人把愛用作「控制」或「支配」對方的工具，他們常用的口吻是：「你不是說你愛我嗎？那

麼你爲我去做這個……」這等於是利用對方去爲自己取得某些利益或滿足，那不是眞正的愛！

(二)愛不是縱容：

有些人認爲：如果他愛某一個人，就當供給對方一切其所需要的事物，使對方能隨時獲得他所要的事物。爲人父母者很容易有這種想法，以爲所給予子女的愈多，表示自己的愛心愈深；而沒有想到這樣適足以妨碍對方正常的發展。因爲在正常的社會裡，每個人都必須學習適當地約束自己的行爲，延宕或限制自己的滿足經驗；縱容的結果將使對方停滯於不成熟的階段，認定所需求的必須得到，而不能承受任何挫折，自然不能算是愛。

(三)

愛不是因爲對方具備某種品質或某種條件，比如能力、面貌、才幹……等。自然凡是具備某些優越條件的人，是會比較容易受到別人注意與喜悅的。但是那些祇是增加雙方交往和接觸機會的因素。愛和情感是要待雙方建立交往關係後才逐漸產生的。最重要的是：愛應當是以對方整個的人爲對象，而不祇是以其某一項品質或條件爲對象的。有一位母親曾經說過：「我愛他就因爲他是他的兒子，至於他是聰明或愚魯、美或醜……都沒有關係。這說明了愛的一項特質。曾經有一個學生告訴我，他已經有了一位女友，彼此相愛頗深，我當時問他：對方有那些可愛的品質，他很不好意思地說：「也說不上有什麼特點啦，就是我很喜歡她就是了。」很明顯地，他不是愛對方的眼睛或眉毛，而是愛她整個的人。

(四)

愛不是祇爲了滿足自己的某些願望。在螢光幕上，我們經常聽到這樣的話：「我希望得到的，我一定要得到！」如果這句話所指的對

象，是一項事物，那或無可厚非；但若是以人或人的情感爲對象，那就值得推敲了。有人追求一項職位，並不是對那項工作具有興趣，而祇是要證明自己的能耐，那就不是合理的態度；對人如是，則將更可議了。那祇是利用對方來驗證自身的某種品質，證明自己有辦法取得對方青睞；很多人以金錢、地位、權勢作爲取得感情的本錢，其交往的誠意已令人懷疑，自然更談不上愛了。

(五) 愛不是性

這是最讓人混淆的一個問題。有好些青年人在戀愛的時候，爲了要證明和對方相愛，就和對方發生了性的關係。這是受了很多小說或電影故事的影響，使人們將性和愛混爲一談了。根據現今的社會習俗和法律，性的行爲祇有在夫婦之間才是合法的，因此我們可以說，性的行爲祇有在正常的夫婦之間，才是愛的表現。在其他的情況下，性的行爲都祇可視之爲情慾的表現而不是愛。

這看來像是很武斷的說法，如果冷靜地分析一下，應是不難接受的。因爲婚姻關係以外的性行爲，儘管今日發生率已在增加，但始終不是一種合法的行爲；多少仍然被認爲不光彩、不符合道德標準的行爲。它會給予當事人羞恥和見不得人的感覺，增加了心理上的負擔。同時婚外性行爲的發生，往往是在雙方正規計劃之外形成的，因之它常會妨礙雙方或一方的正常發展，比如求學或接受職業訓練；女性因懷孕所受的影響常更爲嚴重。它可能因此而損害家庭關係，破壞了終身幸福。若是在本身尚未達到成熟水準之前添了子女，所引起的困難就將更嚴重了。試想，如果兩個人是眞誠相愛的話，他們會將自己和對方陷入這種不利的情況嗎？很不幸的是今日人們常用了「愛」這個標籤，來描述男女間的情態關係，使很多青年人難辨其是與非，因此這裡特別加以說明，以作觀念上的澄清。

你應該愛誰？

這個問題，大概國民小學低年級的小朋友都會回答。他們會慢慢地數給你聽：我們應當愛自己的父母、兄弟姐妹、還有其他的親人，我們也當愛自己的朋友、老師、和我們四周的人。等到結婚以後，就當加上自己的配偶，以後跟着要加上自己的子女……當然還有我們的國家。的確這些是大家都知道的。不過在回答這個問題的時候，很多人常會漏掉他們所當愛的一個人，那就是他們自己！

有人認為愛自己是理所當然的事，用不着明白說出來。其實那並不是一件簡單的事，好些人似乎並不愛自己，而常將自己陷於不利、甚或危險的情況。更多的人常不關心自己的身心健康，不肯小心地照顧自己。甚至有些人以為愛己乃是自私的表現，是不應當鼓勵的行為。其實愛護自己、關心自己是每個人必須具有的態度。祇有愛自己的人才會有機會、才會努力去謀求自身的發展。前面第四篇中曾經指出：愛己和愛人的行為是有正相關的。愛己的人也能愛人；而不愛自己的人常也無法和他人建立良好的關係。（請參閱第四篇：認識自己、接受自己）。

我們該怎樣愛自己呢？

對於這個問題，筆者願意提供一些具體的意見。事實上都是大家所熟知的，祇是不曾特別注意而已。

㈠ 愛自己的身體：

我國古人很重視這點，將愛護自己身體列為孝行之一。孝經開宗明義首篇就說：「身體髮膚，受之父母，不敢毀傷，孝之始也」。隨着又說：「父母唯其疾之憂」。因此大家得小心照顧自己，免得染上

病累父母墨念」。近代保健之學，也十分強調每個人應當重視自己的身體健康，儘可能避免使它受到傷害。比如抽煙、酗酒、服用毒品等，並且應當積極地努力增強自身的健康。此外一個人還要使自己免于危險，「君子不立於危牆之下」，「孝子不登高、不履危」，都是指出自我保護的重要性。前面說過：愛是要保護對方，照顧對方；那麼，對自己也當如此，才能算是愛己了。

㈡愛自己的名譽：

人們常說：「名譽是一個人的第二生命」。這正顯示它的重要性。因為我們必須經常和別人相交往，在相交往時，對方常會希望知道對方是怎樣一個人，甚至會設法去打聽對方的情況。同樣地，對方也會如此做。這時候名譽就十分重要了。一般人都不會願意和名譽不好的人來往，求才的機構也不會樂意雇用名譽不好的人。因此每個人都必須謹言慎行，使自己所做的能符合社會的要求和道德的標準，在世人前留下良好的形像，然後才將有機會來施展所學所能，為社會人群服務。

㈢努力發展自己的潛能，創造光明前途：

生命最重要的意義，就是在使本身所具的特質，得以充分發展。這種趨向，我們可以從植物和比較簡單的動物身上看得比較明顯。一顆種子，只要環境許可，就會萌芽生長，逐漸將其所具有的特質，緩緩地表現出來。人類亦復如是。不過通常植物的生長環境，是被安排或偶然遇到的；人所不同的是有較多的機會來選擇他所生長的環境，同時他有機會控制一部分其發展的歷程。例如個人的努力程度就是重要因素之一。既然如此，每個人就當盡力承擔自己所負的這份責任，無論得自於天賦的潛能是多少，都該努力利用可能的機會，使之得以發展。正如同經商的人運用自己的資產，努力經營一樣。資產的多寡不是個體的責任，但如將錢財埋在地下，不用它去營利滋生利息，那

就是自己的責任了，人若愛自己，就當努力使自己長得更充實，更茁壯，達到孟子所謂「充實之謂美」的地步。

　㈣ 推己及人，愛人如己：

　　如果我們接受多數人的看法：每個人都有愛人的潛能，都可能成為一個能愛別人的人，那麼當一個人努力去發展自己的潛能時，他應該會使這一方面的潛能也獲得良好的發展。這也就是說：愛己的人常會是愛人的。事實上我們都知道：他人乃是自己環境中最重要的一部分，在人群中生長的個體，是不喜歡孤獨和與衆隔離的，而且會樂意與人建立良好的關係，因此他會關心他人，照顧他人。設想我們若能生活在一群快樂、健康的人中間，自己的喜樂不是也將培增嗎？心理學家常以「能與人相處」為心理健康的一個條件，Adler 氏則更強調「對本身以外的人和事物表示注意與關懷」為人類基本興趣。我國儒家主張「己立立人」，基督教認為「愛人如己」是極重要的誡命。都是在強調愛人的重要性。細察今日生活，自己與他人眞是息息相關，利害與共的。孟子勸齊宣王：應能與百姓同樂，才是王天下之道。事實上每個人皆當如此，並不止于君王或國家領袖而已。

　　以上所列，祇是幾項比較重要的事。不過如果一個人能做到這些，就已能把握住愛己的基本原則，其他鎖細的地方，都一定會顧及到，一個人若能愛護自己，又能兼愛其四周的人，自當是心理健康的人了。

心靈探索系列 12001

青年的心理健康

作　　者：黃堅厚

總 編 輯：林敬堯

發 行 人：洪有義

出 版 者：心理出版社股份有限公司

地　　址：台北市大安區和平東路一段180號7樓

電　　話：(02)23671490

傳　　真：(02)23671457

郵撥帳號：19293172　心理出版社股份有限公司

網　　址：http://www.psy.com.tw

電子信箱：psychoco@ms15.hinet.net

駐美代表：Lisa Wu（Tel:973 546-5845）

印 刷 者：博創印藝文化事業有限公司

初版一刷：1988年9月

初版十刷：2010年10月

ＩＳＢＮ：978-957-702-190-8

定　　價：新台幣130元